LA CONDICIÓN CONTEMPORÁNEA
DE LA ARQUITECTURA

Editorial Gustavo Gili, SL
Via Laietana 47, 2°, 08003 Barcelona, España. Tel. (+34) 93 322 81 61
Valle de Bravo 21, 53050 Naucalpan, México. Tel. (+52) 55 55 60 60 11

LA CONDICIÓN CONTEMPORÁNEA DE LA ARQUITECTURA

GG

JOSEP MARIA MONTANER

Diseño gráfico:
Toni Cabré/Editorial Gustavo Gili, SL

1ª edición, 2ª tirada, 2017

Printed in Spain
ISBN: 978-84-252-2788-2
Depósito legal: B. 22.151-2015
Impresión: agpograf impressors, Barcelona

Índice

Introducción

Entrados en el siglo XXI, ya podemos tener cierta perspectiva para interpretar la evolución de la arquitectura desde finales del siglo pasado y detectar las características más destacables del reciente cambio de siglo. Como continuación del libro *Después del movimiento moderno. Arquitectura de la segunda mitad del siglo XX* (1993),[1] se repiensa la arquitectura en el período 1990-2015, revisando las corrientes hegemónicas en las décadas de 1970 y 1980 para comprobar qué aspectos han perdido vigencia, cuáles se han renovado y qué conceptos y movimientos han aparecido.

Poco queda ya del debate sobre la arquitectura posmoderna como lenguaje formal. Para ello fue muy fructífera la diferenciación entre un posmodernismo filosófico, moral y social, como crítica humanista y feminista al modernismo universalista, argumentada especialmente por el postestructuralismo y aún vigente; y un posmodernismo estético, más estilístico y epidérmico, coyuntural y efímero.[2] Además, hoy se comprueba cómo el momento posmoderno coincidió con el delirio final del sistema analógico de representación de la arquitectura, justo cuando empezaba a eclosionar la representación digital.

La mezcla ecléctica e historicista que dominó la arquitectura más comercial y emblemática del período posmoderno ha ido decreciendo. Aunque los defensores del New Urbanism en Estados Unidos han seguido argumentando una arquitectura retroactiva, hoy es menos relevante la influencia de personajes como Rob Krier o Philippe Stark, y cierta arquitectura ecléctica se ha convertido en icónica. Tal como se ve en el primer capítulo, en el desarrollo de la arquitectura corporativa y comercial predomina una retórica "metarracionalista" de la que también adolecen proyectos internacionales reconocidos y donde se mezclan comercialmente elementos de lenguajes contemporáneos procedentes de diversas arquitecturas cultas.[3]

Denominaciones como "arquitectura deconstructivista" —que visibilizó el surgimiento de experimentos a partir de los nuevos medios de representación— o "regionalismo crítico" —una invención paternalista desde la crítica dominante para apropiarse del avance de la arquitectura en los continentes americano y asiático— han quedado obsoletos para interpretar las condiciones contemporáneas.

A lo largo del período que analiza este libro se ha producido un auge y una crisis de la arquitectura entendida como objeto aislado y monumental de costes excesivos. La ausencia en este estudio de ciertos arquitectos de grandes firmas comerciales, que carecen de principios éticos, no es un olvido casual sino intencionado. Los excesos de esta arquitectura del despilfarro y la ostentación han provocado que surjan alternativas como las que se analizan en los dos últimos capítulos, reaccionando contra la falta de contexto y la ausencia de valores: el renacer de la crítica radical y activista, relacionado con el desarrollo de nuevos métodos pedagógicos; la defensa del urbanismo y la arquitectura informal, y la intensificación de la arquitectura ecológica y sostenible entendida como buen uso de los recursos.[4]

Las líneas que se mantienen, y en algunos casos se refuerzan, son la continuidad de los principios y objetivos modernos en la arquitectura *high-tech* y en la teoría de los soportes. Esta línea racionalista tuvo una intensa manifestación en la eclosión del minimalismo en arquitectura y diseño, especialmente en la museografía, durante la década de 1990.

También el organicismo, siguiendo distintas evoluciones o influencias, algunas del surrealismo, ha caracterizado obras emblemáticas de Enric Miralles Benedetta Tagliabue, Frank O. Gehry, Clorindo Testa y otros estudios que han buscado intervenciones extraordinarias.

La arquitectura basada en la memoria, los monumentos y el contexto urbano, prolongando los conceptos de la crítica tipológica, la han seguido arquitectos como Manuel de Solà-Morales, Rafael Moneo, Tuñón y Mansilla o Álvaro Siza.

También mantienen su vigor tanto la arquitectura experimental basada en la combinación de fragmentos, ejemplarizada por Rem Koolhaas, como la eclosión de los diagramas de fuerzas, energías y geometrías con raíces en la arquitectura moderna, que han encontrado su emblema en las obras de Kazuyo Sejima y Ryue Nishizawa (SANAA).

La gran novedad ha sido la fuerza que ha ido tomando la arquitectura relacionada con la fenomenología, el valor de la experiencia y la percepción de los sentidos, tal como puede verse en el capítulo cuarto.[5]

En definitiva, las obras seleccionadas y analizadas lo son por su influencia desde un punto de vista social, urbano y cultural, por sus valores positivos en relación a su contexto, no por su impacto mediático ni comercial.

[1] Montaner, Josep Maria, *Después del movimiento moderno. Arquitectura de la segunda mitad del siglo xx* [1993], Editorial Gustavo Gili, Barcelona, 2009, 2ª ed.

[2] Véase: Harries, Karsten, *The Ethical Function of Architecture*, The MIT Press, Cambridge (Mass.), 1997.

[3] Garza Cavazos, José Juan, *Habitar y transformar la realidad*, La Naranja Editores, Monterrey, 2013.

[4] Véase: Tabb, Phillip James y Deviren, Senem, *The Greening of Architecture: A Critical History and Survey of Contemporary Sustainable Architecture and Urban Design*, Ashgate, Survey/Burlington, 2013.

[5] El valor de los diagramas y la influencia de la fenomenología en la arquitectura contemporánea han sido estudiados en Montaner, Josep Maria, *Del diagrama a las experiencias, hacia una arquitectura de la acción*, Editorial Gustavo Gili, Barcelona, 2014.

CONTINUIDAD DEL RACIONALISMO Y DE LOS PRINCIPIOS MODERNOS

A pesar de las diversas crisis, algunas de las características del movimiento moderno —como la confianza en la tecnología y en el progreso que procede de la agenda definida por la Ilustración y la Revolución Industrial— siguen vigentes. Ello se expresa tanto en la pervivencia de la arquitectura *high-tech* y en la eclosión y continuidad del minimalismo en la década de 1990 como en la vitalidad de la teoría de los soportes iniciada por N. John Habraken en la década de 1960. La tradición del racionalismo se ha revisado, ajustado y puesto al día en su capacidad de análisis sistemático de la realidad y de hacer propuestas según las capacidades tecnológicas.

Evoluciones de la arquitectura high-tech

En la larga trayectoria de Renzo Piano (1937) se manifiestan posiciones muy diversas, siempre apoyadas en un uso pretendidamente humano y neoartesanal de las tecnologías avanzadas. Por una parte, Piano proyecta objetos *high-tech* autónomos: rascacielos de altura récord para la globalización, como The Shard (Londres, 2000-2012), un inmenso y puntiagudo rascacielos sobre el intercambiador ferroviario del London Bridge; o la sede del diario *The New York Times* (Nueva York, 2000-2007). Pero, por otra parte, también realiza obras discretas y semienterradas, como la ampliación de las instalaciones de la capilla de Ronchamp (2006-2011) de Le Corbusier; o integradas en el contexto urbano, como la nueva sede del Whitney Museum (Nueva York, 2015). En ocasiones realiza obra nueva claramente exclusivista, especulativa y servil al poder de las grandes compañías, como el plan director y los edificios en la Potsdamer Platz (Berlín, 1992-2000), donde se crean barreras, como el teatro y casino Marlene Dietrich, para proteger este enclave elitista del popular Kulturforum, controlando que ningún extraño entre en el recinto del consumo y el lujo. Pero también ha construido obras contextualistas y humanistas, como el centro cultural Jean-Marie Tjibaou en Noumea (Nueva Caledonia, 1991-1998), sutil interpretación de la arquitectura local que alcanza valores simbólicos; la intervención en el conjunto histórico industrial de la antigua fábrica FIAT

Renzo Piano, centro cultural Jean-Marie Tjibaou, Noumea, Nueva Caledonia, 1991-1998.

Lingotto (Turín, 1985-2002); y el nuevo auditorio para la ciudad de L'Aquila (2012), con tres volúmenes de madera de colores. Piano también ha proyectado el nuevo centro cultural de la Fundación Stavros Niarchos (Atenas, 2008-2016) sobre una plataforma inclinada gigantesca y con una gran marquesina. En definitiva, Piano consigue un uso operativo de los avances tecnológicos alejado de las posiciones radicales de Cedric Price o Konrad Wachsmann y más cercano al espíritu incansablemente experimental y empírico de Jean Prouvé.[1]

Uno de los arquitectos *high-tech* más representativos es Norman Foster (1935). Entre su prolífica obra, por su carácter simbólico y urbano que le otorga un valor paradigmático, emerge la intervención en las ruinas del viejo Reichstag (Berlín, 1992-1999), con su gran cúpula accesible de vidrio pensada para la ventilación natural y la iluminación natural y artificial. Foster ha construido diversos rascacielos representativos en Londres, como el 30 St Mary Axe (1999-2004), conocido popularmente como "el pepino" y anteriormente como el Swiss Re: tiene forma cilíndrico-cónica, de planta circular y geometría radial, cuyo grosor aumenta a medida que se eleva para luego disminuir hasta el vértice, y consigue con su forma una buena respuesta a la acción del viento, respetables resultados con relación a la sostenibilidad y

Norman Foster,
edificio 30 St Mary Axe,
Londres, Reino Unido,
1999-2004.

unos accesos en la planta baja amigables y urbanos. En Francia ha realizado obras singulares, como la mediateca de Nimes (1994), junto a la Maison Carré, delicada y elegante interpretación contemporánea y *high-tech* del templo romano; y el viaducto de Millau (2004), que se caracteriza por su inserción en el paisaje, su color blanco, su ligera estructura de pilares y cables, y su percepción de ritmo y transparencia.

En la década de 1990, algunas líneas de la tradición racionalista y tecnológica entroncaron con la corriente ecológica, tal como se verá al final del libro. Se acuñó entonces el término *ecotech*, que plantea una posible alianza entre naturaleza y tecnología, tal como sucede en algunas obras de Renzo Piano o en el proyecto Eden (Cornwall, 2002), del equipo de Nicholas Grimshaw (1939), con sus grandes cúpulas de vidrio que cubren los espacios de experimentación ecológica y social.

La eclosión del minimalismo

La obra de Paulo Mendes da Rocha (1928), arquitecto desde 1954 y merecedor del Premio Pritzker en 2006, ha consolidado la posición minimalista, muy representativa de la década de 1990. Su obra se basa en la confianza en el uso racional de la materia dentro de una arquitectura en la que la estructura es el espacio,

Paulo Mendes da Rocha, Pinacoteca do Estado, São Paulo, Brasil, 1993-1998.

y donde se concilian hormigón armado y acero para repartir las fuerzas, la masa y las estructuras de cada edificio y generar envolventes e interiores. En el caso de la nueva Pinacoteca do Estado (São Paulo, 1993-1998), su intervención en el antiguo Liceu de Artes e Ofícios se convierte en una lección de restauración creativa. Con una fuerte vocación social y crítica, Mendes da Rocha otorga a cada obra una clara dimensión urbana y construye un espacio abierto, claro y democrático para la interacción humana. Dos de sus últimas grandes obras son la nueva sede del Museu Nacional dos Coches (Lisboa, 2008-2015, en colaboración con los arquitectos MMBB y Bak Gordon) y el conjunto de museo y teatro Cais das Artes (Vitória, 2007-2014, en colaboración con Metro), unos prismas elevados del suelo, por donde entra la luz y pasan las personas, relacionados entre ellos y con el contexto.[2]

Mendes da Rocha es la más fuerte referencia para la obra de una nueva generación de arquitectos paulistas, como Álvaro Puntoni y Angelo Bucci; o el equipo MMBB, quienes a menudo han colaborado con él en diversos proyectos.

Entre otros autores que han expresado esta eclosión del minimalismo, además de clásicos como Tadao Ando y John Pawson,[3] se encuentra Yoshio Taniguchi (1937), quien se hizo internacionalmente famoso al ganar el concurso de la remodelación y ampliación del Museum of Modern Art de Nueva York (MoMA) en 1997, reabierto en 2004. Entre sus numerosas obras destaca el espacio

Yoshio Taniguchi,
museo D. T. Suzuki,
Kanazawa, Japón, 2011.

místico del museo dedicado al filósofo Daisetsu Teitaro Suzuki (Kanazawa, 2011). Con influencias de la arquitectura tradicional y en perfecta simbiosis con la naturaleza de los jardines circundantes, el museo refleja influencias de Mies van der Rohe y Luis Barragán.

La actualidad del Open Building y los soportes de N. John Habraken

Otra de las aportaciones que ha continuado y ampliado su influencia ha sido la teoría de los soportes de N. John Habraken,[4] basada en una arquitectura urbana compartida e intemporal.

Si el primer ejemplo realizado siguiendo la teoría de los soportes fue el proyecto Molenvliet (Papendrecht, 1969-1976) de Frans van der Werf, una de las experiencias contemporáneas más destacables es las viviendas experimentales Next21 (Osaka, 1989-1993), dirigido por el arquitecto Yoshitika Utida, autor de la megaestructura tridimensional libre. Se trata de una obra de ingeniería a escala urbana que permite que otros técnicos intervengan en dos escalas más —la del sistema prefabricado de los módulos intercambiables de las fachadas, de franjas de colores y con capas aislantes; y la de la distribución de los interiores—, potenciando la diversidad de tipologías de viviendas para familias o distintas unidades de convivencia. Promovido por la empresa Osaka Gas y dirigido a sus trabajadores, permite acomodar dieciocho unidades residenciales de la máxima heterogeneidad

Yoshitika Utida, viviendas experimentales Next21, Osaka, Japón, 1989-1993.

en un único soporte estructural y espacial. Cada cinco años cambiaban los usuarios, convirtiéndose en un experimento social sobre la diversidad de modos de vida en sintonía con la naturaleza. En 2015 vivían los inquilinos de la cuarta generación y en cada operación de transformación, que dura un año de obras, se implementa todo el sistema de aislamiento y ahorro energético. Responde a los principios del sistema de aprovisionamiento de viviendas en dos pasos, afín al modelo del Open Building, heredero de las propuestas de Habraken y teorizado por Katsuo Tatsumi y Mitsuo Takada, que hace hincapié en la máxima eficacia energética del edificio y en su voluntad de disponer de una proliferación de vegetación, con el jardín en planta baja y la cubierta verde comunitaria, alentando a los usuarios en el ahorro energético, el cuidado de animales y plantas, y fomentando la biodiversidad y la convivencia.

Otro ejemplo realizado desde la teoría de los soportes es el conjunto Solid 11, en Oud West (Ámsterdam, 2010), de Tony Fretton, que se basa en dos grandes bloques con acceso por el centro resueltos como si fueran edificios de oficinas. Con estructura de acero, fachadas de ladrillo con grandes aberturas acristaladas, además del sistema de fachada, la estructura y los núcleos de comunicación, lo que se define son los patinejos para instalaciones, y el resto queda libre, de modo que cada inquilino puede alquilar los metros cuadrados que quiera. De esta manera se realiza el edificio en dos fases: el soporte, que aporta el promotor, y el relleno, iniciativa del inquilino. Para el promotor, la inversión inicial es rentable por la reducción de los costes de mantenimiento y transformaciones, y el inquilino puede elegir entre recurrir a sistemas de catálogo de los proveedores o encargar los interiores a algún diseñador.

En 1992 se creó una nueva organización llamada Open Building que, mientras continúa la labor de investigación, pretende convertirse en una red de relaciones entre diversas iniciativas en los países donde se sigue aplicando el sistema de los soportes, especialmente los Países Bajos, Estados Unidos, Japón y China. Actualmente, Stephen Kendall lidera la red Open Building.

Lacaton y Vassal: economía y conveniencia en el siglo XXI

En las propuestas de Anne Lacaton (1955) y Jean-Philippe Vassal (1954) se produce una continuidad con la eficiencia y economía reclamada por el cartesianismo francés. Por su posición ética y radical, que sigue siendo fiel a los aspectos sociales de la modernidad, se han convertido en un referente de la arquitectura actual.

Sus proyectos de mayor influencia social son los planteados para mejorar los bloques y torres de viviendas sociales francesas de las décadas de 1960 y 1970, evitando así que su obsolescencia los condene al derribo. Plantean transformar en vez de derribar, lo que comporta una intervención moderna que respeta el contexto. Lacaton y Vassal yuxtaponen a cada vivienda espacios extra, ya sea con voladizos o con cuerpos añadidos con estructuras de acero, que se comportan climáticamente como invernaderos y cuyo uso pueden definirlo los habitantes. Los cerramientos, opacos y con pequeñas ventanas, se sustituyen por fachadas de vidrio, y las plantas bajas de los edificios se abren a nuevos usos comunitarios. Incluso los pisos inferiores, menos atractivos por falta de vistas y privacidad, se convierten en animados espacios colectivos. Se añaden ascensores y se implementan balcones, terrazas y galerías para aumentar el espacio e introducir vegetación, mejorando así la eficacia, la calidad de vida y la relación entre interior y exterior. Lacaton y Vassal argumentan que "con un presupuesto equivalente al necesario para derribar los bloques, alojar temporalmente a sus habitantes y procurarles

Lacaton & Vassal, torre de viviendas Bois-le-Prêtre, París, Francia, 2005-2011.

nuevas viviendas, pueden renovarse los edificios existentes, aumentar considerablemente su superficie y mejorar en gran medida su calidad y durabilidad".[5] Junto a Frédéric Druot, han puesto en práctica estos planteamientos en la torre de viviendas Bois-le-Prêtre (París, 2005-2011) y la de Saint-Nazaire (2006-2012).

Este retorno a la esencia de la modernidad implica recuperar la idea de la economía de medios de Jean-Nicolas-Louis Durand, con intención de conseguir una plusvalía social del espacio. Esta idea de conveniencia y eficacia se relaciona con dar cabida a los cambios de uso. Plantea la arquitectura como recipiente, poniendo énfasis en el esqueleto estructural de los edificios, y deja el resto como planta libre y flexible, a la manera de Habraken y los soportes; que sean las personas y sus actividades las que lo llenen de contenido y transformen el edificio. Lacaton y Vassal entroncan con el brutalismo del Team X, la arquitectura de São Paulo de la década de 1960 y la posición de los estructuralistas holandeses, como Aldo van Eyck y Herman Hertzberger.

La primera fase de su intervención en el Palais de Tokyo (París, 1999-2001) les aportó la fama y sentó un precedente en la arquitectura contemporánea para centros artísticos, al centrarse en el contraste entre las obras de arte actual y el contenedor de 1937 tal como estaba, mostrando el paso del tiempo y el deterioro de algunos elementos. La segunda fase (2012) se ocupó

Lacaton & Vassal, Palais de Tokyo, París, Francia, 1999-2001.

de acondicionar más espacios, dejando las estructuras y muros vistos e introduciendo una museografía sencilla y elegante, minimalista y provisional.

Lacaton y Vassal renuncian a la forma y a la monumentalidad, defienden la temporalidad y dan protagonismo a las personas que utilizan los espacios, creando una metamorfosis continua. Existe en ellos una sintonía con alternativas de las décadas de 1960 y 1970, como el proyecto manifiesto de Cedric Price, el Fun Palace (en colaboración con Joan Littlewood); el contenedor del Centre Georges Pompidou en París, con su capacidad para albergar cambios continuos, o la reconversión de un edificio existente en la sede del Teatro Oficina de Lina Bo Bardi en São Paulo. En esta arquitectura de esqueleto estructural, capaz de adaptarse a los cambios sociales, se yuxtaponen las temporalidades: el tiempo es absorbido por la arquitectura y los usuarios aportan continuamente temporalidad.

Arquitectura comercial y metarracionalista

La arquitectura comercial predomina en las metrópolis, especialmente en los países asiáticos, y puede llegar a realizarse con cierta calidad, tal como la que practican, por ejemplo, el estudio Aflalo Gasperini, autores de rascacielos y complejos de oficinas en São Paulo y otras grandes ciudades brasileñas, y autores, junto al equipo Purarquitetura, de la reconversión de una fábrica de electrodomésticos en el centro universitario SENAC, en el barrio de Santo Amaro (São Paulo, 2006).

En el ámbito de la arquitectura global destaca la obra del estudio Snøhetta, con sedes en Oslo, Nueva York, Innsbruck y San Francisco, formada por unos 130 arquitectos y técnicos, expertos en ganar en concursos internacionales de edificios representativos, como la Biblioteca de Alejandría (1989-2002, en colaboración con Hamza Associates), o la ópera de Oslo (2000-2008). Se trata de una arquitectura monumental, relacionada con el contexto, con plataformas inclinadas y accesibles, y grandes interiores muy bien iluminados.

Es, de hecho, la arquitectura que hacen las grandes firmas estadounidenses (como Arquitectonica, Helmut Jahn, John Portman & Associates, Kohn Pedersen Fox Associates, César Pelli, Ieoh Ming Pei o Rafael Viñoly Architects) o japonesas (como Arata Isozaki) y que desarrollan equipos de arquitectos, pretendidamente vanguardistas, como hacen en México Enrique Norten, Alberto Kalach, Fernando Romero o Rojkind Arquitectos. Acostumbran a trabajar para los grandes agentes de la globalización proyectando hoteles, edificios de oficinas o centros comerciales; y para las administraciones y privados proyectan museos dentro del culto al espectáculo y a la industria turística.[6] El crítico mexicano José Juan Garza ha denominado a esta arquitectura "metarracionalista".[7]

Arquitectura digital, ciudad global y *smart city*

El nuevo universo de los ordenadores ha transformado el proceso de proyecto. Estaban más cerca en la manera de proyectar Andrea Palladio o Karl Friedrich Schinkel y los arquitectos modernos o de la posguerra, que todos ellos con relación a los arquitectos contemporáneos. El paso del dibujo de tablero al de ordenador, de lo analógico a lo digital, ha sido tan crucial como la invención de la perspectiva en el Renacimiento. La radicalización de este cambio ha potenciado la eclosión de una "arquitectura digital" defendida por arquitectos como William J. Mitchell, Peter Eisenman o Greg Lynn, en la que las geometrías complejas y sinuosas, surgidas del mundo virtual en la pantalla, plantean una pretendida liberación de las formas y espacios mediante una arquitectura de redes y corrientes, fluidas y transparentes, líquidas y dinámicas,[8] a veces arbitrarias y generalmente poco relacionadas con su contexto. El instrumento del proyecto asistido por ordenador ha aportado a la visión convencional de la arquitectura más argumentos para pretender formas nuevas, manteniendo un fuerte deseo de control y legitimando la voluntad de situar la arquitectura fuera del tiempo.

Se considera a la ciudad global como la que acumula los capitales de las grandes compañías y entidades bancarias, y se desarrolla a base de tipologías modernas como los rascacielos, los centros comerciales, los hoteles de lujo, las sedes corporativas y las urbanizaciones cerradas.[9]

Se denomina *smart city* a la aplicación intensiva de las TIC, nuevas tecnologías de la comunicación e información, en la mayoría de los elementos de la gran maquinaria urbana: tráfico, control, ahorro de energía y teleasistencia.

Estas tres manifestaciones —digital, global y *smart city*— comparten una confianza desmesurada en el desarrollo tecnológico capitalista y una tendencia al predominio del control y la homogeneidad, siguiendo lógicas empresariales.

Más allá de las capitales de los Emiratos Árabes y de las grandes ciudades chinas, tres de las ciudades más emblemáticas para aportar una imagen compacta de la economía global son Vancouver, Hong Kong y Singapur.[10] El *downtown* de la ciudad canadiense de Vancouver, la llamada ciudad de cristal, cuenta con centenares de rascacielos transparentes cuidadosamente espaciados para no entorpecer la entrada de sol y las vistas. Estos peculiares rascacielos destacan por no tener los convencionales y lisos muros cortina, sino que son torres retranqueadas y escalonadas, con proliferación de terrazas y singulares coronamientos.[11]

Tras una primera etapa de arquitectura brutalista y escalonada, la ciudad-estado de Singapur, de fundación británica e independiente desde 1965, destaca hoy por sus complejos de bloques y rascacielos, bosques de vidrio con cubiertas verdes y pasarelas, como el hotel Marina Bay Sands (2010) de Moshe Safdie. El resultado es una metrópolis anillo basada en la apoteosis de la renovación urbana y la tabla rasa, en el pragmatismo y el individualismo dentro de una maquinaria urbana dirigida y operativa.[12] Hong Kong va más allá de la típica ciudad genérica asiática, ya que se sitúa sobre el trasfondo patrimonial e infraestructural

Arquitectonica, centro comercial Festival Walk, Hong Kong, China, 1993-1998.

de la antigua colonia inglesa. Posee emblemáticos rascacielos en sus frentes marítimos, como el del Bank of China (1990) de Ieoh Ming Pei, con planos triangulados, facetados e inclinados, junto al emblemático Hong Kong and Shanghai Bank (1985) de Norman Foster; o el hito de César Pelli, con las dos torres del centro internacional de finanzas (1997-2003) sobre el zócalo de un inmenso centro comercial.[13] Uno de los centros comerciales más emblemáticos de Hong Kong es el Festival Walk (1993-1998), del estudio Arquitectonica (fundado en 1977 en Miami por Bernardo Fort-Brescia y Laurinda Spear), que destaca por sus numerosos niveles y por los reflejos que potencian sus escaleras mecánicas y los antepechos sinuosos, brillantes y luminosos.

[1] En el jurado del concurso del Centre Georges Pompidou de París, Jean Prouvé fue el máximo defensor del proyecto ganador de Rogers y Piano.

[2] Véanse: Montaner, Josep Maria y Villac, Isabel, *Mendes da Rocha*, Editorial Gustavo Gili, Barcelona, 1996; Montaner, Josep Maria, "Los museos de Paulo Mendes da Rocha y la presencia del tiempo", *Summa +*, núm. 52, Buenos Aires, 2002; Pisani, Daniele, *Paulo Mendes da Rocha. Obra completa*, Editorial Gustavo Gili, Barcelona, 2013.

[3] Véase: Savi, Vittorio y Montaner, Josep Maria, *Less is More. Minimalismo en arquitectura y otras artes*, Actar, Barcelona, 1996.

[4] Véase: Habraken, N. John *et al.*, *Variations: The Systematic Design of Supports*, The MIT Press, Cambridge (Mass.), 1976 (versión castellana: *El diseño de soportes*, Editorial Gustavo Gili, Barcelona, 1979).

[5] Véase: Druot, Frédéric; Lacaton, Anne y Vassal, Jean-Philippe, *Plus. La vivienda colectiva. Territorio de excepción*, Editorial Gustavo Gili, Barcelona, 2007, pág. 20.

[6] Véase: Ingersoll, Richard, *Sprawltown: Looking for the City on Its Edges*, Princeton Architectural Press, Nueva York, 2006.

[7] Véase: Garza Cavazos, Juan José, *Habitar y transformar la realidad*, La Naranja Editores, Monterrey, 2013.

[8] Véase: Liu, Yu-Tung (ed.), *Defining Digital Architecture*, Birkhaüser, Basilea, 2002.

[9] Sobre la ciudad global, véanse: Sassen, Saskia, *The Global City: New York, London, Tokyo*, Princeton University Press, Princeton, 1991 (versión castellana: *La ciudad global: Nueva York, Londres, Tokio*, Eudeba, Buenos Aires, 1999); y Muxí, Zaida, *La arquitectura de la ciudad global*, Nobuko, Buenos Aires, 2009.

[10] Véase: Koolhaas, Rem, "The Generic City", *Domus*, núm. 791, Milán, marzo de 1997 (versión castellana: "La ciudad genérica", en *Acerca de la ciudad*, Editorial Gustavo Gili, Barcelona, 2014, págs. 35-68).

[11] Véase: Coupland, Douglas, *City of Glass*, Douglas & McIntyre, Vancouver/Toronto/ Berkeley, 2009.

[12] Véase: Koolhaas, Rem, "Singapore Songlines. Portrait of a Potemkin Metropolis... or Thirty Years of Tabula Rasa", en Koolhaas, Rem y Mau, Bruce, *S, M, L, XL*, The Monacelli Press, Nueva York, 1995 (versión castellana: *Sendas oníricas de Singapur. Retrato de una metrópolis potemkin... o treinta años de tabla rasa*, Editorial Gustavo Gili, Barcelona, 2010).

[13] Véase: Moss, Peter, *Skylines Hong Kong*, FormAsia, Hong Kong, 2014.

LA FORTUNA
DEL
ORGANICISMO

Aunque el organicismo eclosionase en las primeras décadas del siglo XX con obras de Antoni Gaudí, Josep Maria Jujol, Frank Lloyd Wright o Alvar Aalto, y quedara definido a partir de las interpretaciones de Bruno Zevi a mediados del siglo XX, su fortuna ha continuado hasta la actualidad. Además de los referentes orgánicos, algunos de los autores contemporáneos han introducido en sus obras referencias oníricas de procedencia surrealista. Precisamente, buena parte de los autores nombrados en este capítulo se nutren de la corriente subterránea del surrealismo, la línea vanguardista más beligerante contra el academicismo de la abstracción y del movimiento moderno. Más allá de esta diversidad, existen una serie de mecanismos recurrentes: posición antitipológica, gestualidad libre, énfasis ergonómico en la estructura, intensidad máxima en el diseño y caracterización de cada elemento distinto, relación de organicidad y continuidad entre partes heterogéneas, superposición de palimpsestos o capas urbanas y búsqueda de resultados diferentes y extraordinarios.
La contemporaneidad del organicismo en la arquitectura tiene que ver con la voluntad de crear criaturas singulares, a veces con intención de generar momentos irrepetibles en la ciudad y en el territorio que, sin embargo, no tiene sentido que proliferen.

La continuidad del universo de Enric Miralles

Toda la obra de Enric Miralles (1955-2000) —desde su creación más programática, el cementerio de Igualada (1985-1993), en colaboración con Carme Pinós, su primera mujer y socia hasta 1991, hasta las obras con EMBT y Benedetta Tagliabue (1963), su segunda mujer y socia desde 1993— se caracteriza por construir un complejo sistema de objetos que configuran un universo propio que parte de la necesidad surrealista de crear un mundo inédito y original. Se trata de una arquitectura en la que, como en los sueños, se superponen tiempos, materias y capas; unas obras que se relacionan con el entorno revelando estratos y elevando voladizos, y en las que cada detalle, a la manera del Romanticismo y el surrealismo, se individualiza, se independiza, toma vida y se repiensa de una manera nueva.

De su segundo período son características la rehabilitación del Ayuntamiento de Utrecht (1997-2001), que sigue la estética de la ruina; el nuevo Parlamento de Escocia (Edimburgo, 1998-2004), que evidencia intensas influencias, como la de Jujol; el campus universitario de Vigo (1999-2004), que utiliza la arquitectura pública para articular el paisaje; y la torre de Gas Natural (Barcelona, 1999-2007), una aventura que inventa una nueva tipología de rascacielos, contextual y danzante, expresionista y reflectante.[1]

EMBT Enric Miralles
Benedetta Tagliabue,
Parlamento de Escocia,
Edimburgo, Reino Unido,
1998-2004.

El mercado de Santa Caterina (Barcelona, 1997-2005) es su obra más urbana y se configura como un nudo de la máxima tensión superponiendo varias capas urbanas. Diversos sistemas constructivos generan una gigantesca cubierta asimétrica de formas onduladas revestida de miles de piezas cerámicas hexagonales que recrean figuras gigantescas de frutas, todo ello apoyado sobre los muros del antiguo mercado y unos restos arqueológicos medievales. El punto de partida es la inspiración en el mundo orgánico de la naturaleza a través de las geometrías sistematizadas por la ciencia, de las formas onduladas, las catenarias y los hexágonos. Toda la complejidad del conjunto, al que se suman unas viviendas asistidas para personas de la tercera edad, con enormes voladizos sobre la cubierta del mercado, tiene la voluntad de continuar la estructura urbana de llenos y vacíos del entorno histórico de la ciudad medieval. El propio complejo crea sus filamentos urbanos de pequeñas plazas y sinuosos recorridos interiores. Nudo de palimpsestos, sobre el convento medieval y el mercado decimonónico se eleva el mercado tematizado del siglo XXI, que sobrevuela las viviendas que continúan la trama residencial del contexto. Se sintetizan distintas posiciones arquitectónicas: organicismo, surrealismo, realismo, pop y memoria urbana. La fuerza interna que eclosiona en el edificio cristaliza en estas formas onduladas de inspiración gaudiniana, y las

EMBT Enric Miralles Benedetta Tagliabue, mercado de Santa Caterina, Barcelona, España, 1997-2005.

estructuras tubulares, comprimidas y torcidas intentan integrarse en el contexto de la ciudad histórica.

Curiosamente, el proyecto de la Universidad Torcuato Di Tella (Buenos Aires, 1997-2005), de Clorindo Testa, se asemeja al mercado de Santa Caterina por resolverse mediante inscripciones y analogías, por superposición de estratos, con partes en forma de quilla de barco y conexiones orgánicas y oníricas entre ellas.

Aunque parezca una obra menor, fue el Parc dels Colors (Mollet del Vallès, 1992-2003) donde Miralles y Tagliabue hicieron más esfuerzo para inventar un nuevo mundo de formas, comunicativas y policromas, versátiles y estimulantes, telúricas y semienterradas, que ha quedado, en cierto modo, inconcluso, y que se ha expresado en la semienterrada biblioteca pública de Palafolls (1997-2007). Entre las obras de la última etapa de Miralles destacan dos rehabilitaciones, la casa en La Clota (Barcelona, 1997-1999), un manifiesto de *arte povera* y reciclaje que entronca con los detalles imaginativos de la arquitectura de Jujol; y la rehabilitación de su casa propia, iniciada por fases en 1994, en la calle Mercaders de Barcelona, en una de las típicas casonas del casco histórico.

Posteriormente, EMBT, encabezado por Benedetta Tagliabue, ha realizado obras tan representativas como el Pabellón de España en la Exposición Universal de Shanghái (2007-2010), y han quedado por realizar obras muy prometedoras, como la Casa de las Lenguas en la antigua fábrica de Can Ricart (Barcelona, 2007).

Antoni Gaudí, Josep Maria Jujol, José Antonio Coderch, Alejandro de la Sota o Alison y Peter Smithson son los arquitectos que influyeron en la obra de Miralles. En su formación fue clave su participación en el ILAUD de Urbino en 1978, dirigido por Giancarlo De Carlo, donde aprendió una nueva cultura del espacio público que aún no existía en Barcelona.

Al final de la carrera de Enric Miralles, truncada prematuramente, lo que más destaca y lo que le ha otorgado este carácter romanticista a su legado, ha sido la dificultad de completar su proyecto, la gran ambición de crear un nuevo universo de formas que solo se intuye y se ensaya, que surge a borbotones en sus proyectos, pero que ha quedado inconcluso.

De la obra de Carme Pinós (1954) destaca el edificio de CaixaForum (Zaragoza, 2008-2014), un volumen autónomo formado por la intersección de dos cubos y basado en un diagrama estructural. El edificio no tiene una fachada principal y se apoya en la base de un vestíbulo acristalado que gira. La obra expresa influencias de Rem Koolhaas y Herzog & de Meuron. Muy bien integrado en su entorno urbano, el edificio potencia atractivos espacios públicos a su alrededor y aumenta las energías de un lugar con rasgos fragmentados y dispersos. Configurado por niveles de espacios como contenedores, despliega un intenso diseño de cada uno de los espacios y elementos, como una singular escalera interior. En su variedad, cada parte entona perfectamente en una sinfonía sensual y alegre que prepara al visitante para una experiencia de la percepción y la visión, del aprendizaje y la interacción. Destaca la cafetería restaurante del nivel superior, con magníficas vistas y un ambiente de bosque potenciado por la estructura, las mamparas, el techo y los lucernarios. La complejidad del volumen y sus voladizos crean unas atractivas terrazas, aunque es difícil que se utilicen en las condiciones climáticas y de viento de Zaragoza.

Frank O. Gehry: el Museo Guggenheim de Bilbao

Las obras de Frank O. Gehry (1929) también son emblemáticas de esta exploración sistemática de formas gestuales, orgánicas y oníricas que surgen del impulso creativo del subconsciente, además de que, desde el principio, su obra ha estado marcada por una fuerte voluntad comercial.

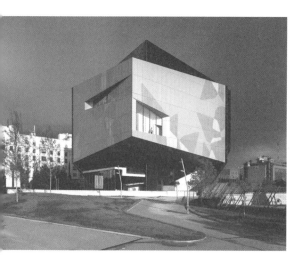

Carme Pinós, CaixaForum, Zaragoza, España, 2008-2014.

En el Museo Guggenheim (Bilbao, 1991-1997) Gehry llegó a su momento más creativo y con mayor capacidad de diálogo con el contexto. En este museo se experimenta la continuidad de este espacio onírico, informe y deforme, como un bulbo que estalla libremente en su contexto y con capacidad de enroscarse por debajo de un viaducto contiguo. Las fachadas y las cubiertas son volúmenes sin solución de continuidad, con zócalos pétreos hacia la ciudad y cubiertas etéreas de chapa hacia el cielo. Esta obra constituye una síntesis muy singular y emblemática, una arquitectura biomórfica lograda gracias a los mayores avances en los sistemas de representación digital de la arquitectura, el programa Catia.

En este caso se consiguen introducir en un único gran edificio los diversos tipos de espacio que necesita un museo contemporáneo –desde salas convencionales hasta grandes salas para nuevos formatos e instalaciones temporales–, trasladando en esta confluencia urbana entre museo y monumento, río y puente todas las sinergias urbanas.[2]

Dentro de la evolución de su obra, la forma de este museo se ensayó en proyectos anteriores y tiene un antecedente en el Vitra Design Museum (Wiel am Rhein, 1987-1989), ensayo a pequeña escala con su forma y espacio interior, con la geometría de los lucernarios y con los muebles suspendidos que flotan; y en el Weisman Art Museum, en el campus de la University of Minnesota

Frank O. Gehry, Weisman Art Museum, Minneapolis, Estados Unidos, 1990-1993.

(Minneapolis, 1990-1993), donde ensayó, justo antes del concurso del Museo Guggenheim, cómo superponer el modelo del "paraguas flácido" que se desparrama como una cascada sobre la base de un prisma.[3]

Después del Guggenheim, a Gehry le ha costado no repetirse y evitar las variaciones sobre este tema de la cascada de cubiertas o paraguas flácido, en hitos como el EMP (Seattle, 2000). Aunque haya mantenido cierta calidad en algunas de sus obras, la arquitectura de Gehry se ha convertido en una marca que se repite en cualquier lugar del mundo y su figura omnipresente y prepotente se ha convertido en una de las estrellas de la arquitectura más mediática, icónica e, incluso, ironizada. Una de sus últimas grandes creaciones ha sido la Fondation Louis Vuitton (París, 2006-2014), en la que continúa su manierismo, con formas exteriores aún más arbitrarias, con menos logros en el espacio interior y con más referencias a otros arquitectos, como la abstracción formalista de Peter Eisenman. El edificio intenta emular el museo de Bilbao sin conseguirlo. La ría se imita mediante un estanque que propicia una tortuosa forma de fortificación; el vestíbulo de acceso carece de la especial verticalidad del de Bilbao; y lo que en el edificio vasco son recorridos a diversos niveles para contemplar el interior y el exterior, en París se convierte en una gran y vulgar serie de terrazas accesibles.

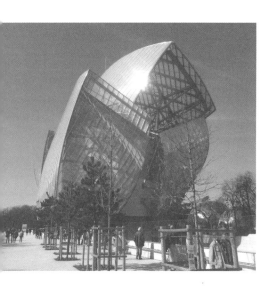

Frank O. Gehry, Fondation Louis Vuitton, París, Francia, 2006-2014.

Organicismos contemporáneos

La presencia de diversas formas orgánicas y de inspiraciones en el surrealismo se mantiene en algunos ejemplos de la arquitectura contemporánea, que van desde las formas más artesanales y reposadas de Clorindo Testa o Josep Llinàs a los experimentos futuristas, dinámicos y digitales de Dennis Dollens, NOX o FOA, pasando por la herencia de Archigram o Future Systems.

Clorindo Testa (1923-2013), quien ya había destacado por su brutalista y expresionista obra, como el Banco de Londres y América de Sur (Buenos Aires, 1960-1966, en colaboración con el grupo SEPRA) y la Biblioteca Nacional (Buenos Aires, 1962-1992), continuó realizando obras sumamente expresivas y de fuerte influencia surrealista, ya fueran casas unifamiliares, como la casa La Tumbona (Pinamar, 1996-1998), o edificios públicos, como el Auditorio de la Paz en el Centro Budista de Buenos Aires (1993-1996) o sus proyectos inconclusos para la Universidad Torcuato Di Tella (Buenos Aires, 1997-2005). Su obra póstuma fue una intervención de carácter social, el corredor comunitario denominado Paz y Amor en la Villa 21-24 (Barracas, 2013-2014), un paseo sembrado de verde, bancos y esculturas sencillas, policromas y expresivas dentro de un barrio autoconstruido.

Igual que hiciera José Antonio Coderch, quien alternaba obras organicistas y minimalistas, Josep Llinàs (1945) ha alternado

Clorindo Testa,
Universidad Torcuato
Di Tella, Buenos Aires,
Argentina, 1997-2005.

propuestas racionalistas con otras organicistas que se moldean con formas retranqueadas, como las viviendas sociales en la calle del Carme (Barcelona, 1995); con fachadas sinuosas e insufladas, como la biblioteca de Gràcia (Barcelona, 2000-2002); con cubiertas en cascada, como la biblioteca pública Jaume Fuster (Barcelona, 2001-2006); o con cubiertas inclinadas y formas porosas, como en el auditorio L'Atlàntida (Vic, 2005-2011).

Una de las líneas más elaboradas y sofisticadas del *high-tech* ha tenido continuidad en las formas orgánicas de bulbos. Culminando las propuestas del grupo británico Archigram en la década de 1960, Peter Cook (1936), uno de sus antiguos miembros, proyectó, junto a Colin Fournier, el simpático *alien* o pulpo de la Kunsthaus (Graz, 2003).

De manera similar, Future Systems, estudio formado por Jan Kaplický (1937-2009) y Amanda Levete (1955), imaginó edificios, torres y ciudades futuristas de formas orgánicas, y ha proyectado los grandes almacenes Selfridges (Birmingham, 2004) de formas huesudas, continuas y escamosas. Desde 2009, Amanda Levete ha continuado con el estudio AL_A, donde ha imaginado proyectos de formas dinámicas, fluidas y continuas, y ha realizado el rascacielos orgánico y escalonado en espiral del multifuncional Central Embassy (Bangkok, 2009-2014). Podríamos citar también el estudio fundado en 1986 por Eisako Ushida (1954) y Kathryn Findlay (1953-2014), a Eva Jiricna y sus

Josep Llinàs, biblioteca pública Jaume Fuster, Barcelona, España, 2001-2006.

obras de interiorismo en Londres y Praga, y a Christine Hawley, antigua socia de Peter Cook, de la que se comentan sus viviendas en Gifu, Japón, en el capítulo sexto.

Una variante de la arquitectura digital, de la que se ha tratado en el capítulo primero, es la biodigital, que ha permitido crear formas orgánicas, como los proyectos basados en estructuras vegetales de Dennis Dollens (1950), con su propuesta de la arquitectura exodéxica o biomimética; la especie de crisálidas dinámicas del grupo NOX, creado por Lars Spuybroek (1959), como el pabellón Fresh H_2O de la Expo Neeltje Jans (1994-1997); las formas fluidas y entrelazadas inventadas gráficamente por Marcos Novak (1957) propulsor de la "transarquitectura" y de la "arquitectura líquida en el ciberespacio", o las formas embriológicas y los algoritmos organicistas de Greg Lynn (1964), expresadas inicialmente en su libro *Animate Form*.[4]

Y dentro de un cierto organicismo dinámico y monumental se encuentra el proyecto experimental con el que los miembros del equipo Foreing Office Architecture (FOA), Alejandro Zaera-Polo (1963) y Farshid Moussavi (1965), ganaron el concurso para la terminal marítima de Yokohama en 1994. El contundente planteamiento del proyecto proponía la estetización de una infraestructura marítima, convirtiéndola en paisaje dentro de un límite metropolitano, una especie de gran *origami* recostado, inspirado en la teoría de los pliegues de Gilles Deleuze. La idea

Foreing Office Architecture, terminal marítima de Yokohama, Japón, 1994.

del proyecto se basaba en potenciar la continuidad, el flujo y el nexo, con voluntad de construir un edificio plaza con vegetación, potenciando el volumen horadado como calle y plataforma, como lugar de paso y de contemplación, como estructura y espacio a la vez. El resultado, finalizado en 2002, mantiene el concepto de topografía artificial, longitudinal y habitable, que por su horizontalidad no sobresale, y que se inspira en la iconografía de los cruceros. Sin embargo, al realizarse como una estructura de pórticos metálicos, pierde mucho de su carácter constructivo de cáscaras fluidas y superpuestas, la solución de testero se convierte más en estructura que en fachada, el espacio de la sala de espera es inhóspito y desproporcionado, y la gran cantidad de problemas de relación y seguridad que crea la morfología ondulada se afronta con un exceso de diseños burdos de barandillas y protecciones.

Estos serían algunos de los casos dispersos y variados en los que se han intentado integrar diversas formas orgánicas en contextos metropolitanos.[5]

[1] Véase: *El Croquis*, núm. 144 (*EMBT 2000-2009. Enric Miralles/Benedetta Tagliabue*). Madrid, 2009.

[2] Para un análisis más detallado y contextualizado del Museo Guggenheim de Bilbao véase Josep Maria Montaner, *Museos para el siglo xxi*, Editorial Gustavo Gili, Barcelona, 2003.

[3] La idea del "paraguas flácido" aparece en el libro de Eisenman, Peter, *Ten Canonical Buildings 1950-2000*, Rizzoli, Nueva York, 2008 (versión castellana: *Diez edificios canónicos 1950-2000*, Editorial Gustavo Gili, Barcelona, 2011).

[4] Lynn, Greg, *Animate Form*, Princeton Architectural Press, Nueva York, 1993.

[5] De las obras organicistas y dinámicas de Zaha Hadid se trata en el capítulo quinto.

CULTURA, TIPOLOGÍA Y MEMORIA URBANA: MONUMENTALIDAD Y DOMESTICIDAD

En las últimas décadas sigue vigente la línea de arquitectura que pone en primer término su propia historia y, generalmente, el encaje urbano de las obras. Continúa la tradición de la llamada "crítica tipológica", aunque de manera menos dogmática y más pragmática, aprendiendo a situarse en cada contexto. Todo ello se produce en un momento, a principios del siglo XXI, en el que empiezan a revisarse las teorías de Aldo Rossi y Manfredo Tafuri en estudios como el de Pier Vittorio Aureli, *The Project of Autonomy*,[1] y el libro colectivo *Aldo Rossi, la storia di un libro*,[2] resultado del seminario dedicado en 2011 al crucial libro de Aldo Rossi. En Estados Unidos, esta alianza entre la recuperación de la historia de la arquitectura, la defensa de los valores urbanos y los objetivos de la sostenibilidad ha nutrido una amplia corriente, en gran parte dentro del denominado New Urbanism,[3] surgido en el congreso fundacional homónimo celebrado en 1993 en Alexandria, que partía de la crítica a la realidad del suburbio estadounidense y planteaba su remodelación y mejora mediante criterios de participación y composición urbana. En síntesis, el New Urbanism plantea una singular conciliación entre una tradicionalista vuelta al pasado y una progresista visión a favor de la calidad urbana y el medio ambiente; no obstante, la propuesta se queda demasiado en las formas estáticas ya establecidas.

Rafael Moneo: texto, contexto y discípulos

Rafael Moneo (1937) representa una figura singular por su prolífica obra y por su capacidad de teorizar. Sus primeros ensayos han tenido mucha influencia y su libro *Inquietud teórica y estratégica proyectual en la obra de ocho arquitectos contemporáneos*[4] constituye un trabajo único y sin precedentes. Se trata de un texto que, basándose en una serie de conferencias impartidas en la Harvard University entre 1992 y 1994, analiza sistemáticamente la obra de ocho estudios de arquitectos contemporáneos.

En los últimos años su obra ha dejado de ser tan conceptual como en las primeras épocas y se ha vuelto más comercial y manierista. Sin embargo, entre su amplia producción destacan proyectos de alto compromiso, ya sea por su representatividad, como la ampliación y reforma del Museo del Prado (Madrid, 1998-2007), que crea una especie de campus de museos; por haberse convertido en un hito urbano, como el Kursaal (San Sebastián, 1990-1999); por su cuidadosa inscripción en la escala del tejido histórico, como el Museo de Arte Romano (Cartagena, 2008), que incorpora diversos edificios existentes para acceder e interpretar el teatro romano; por su situación en el paisaje, como el conjunto del centro hotelero de Panticosa (2002-2008); o por el homenaje a la pintura de José Beulas, al paisaje circundante y a la obra de Louis I. Kahn, la fase ya realizada del Centro de Arte y Naturaleza, Fundación Beulas (Huesca, 2006), que alberga la colección Beulas-Sarrate.

Rafael Moneo, Museo de Arte Romano, Cartagena (Murcia), España, 2008.

Entre sus discípulos destacan Emilio Tuñón (1959) y Luis Moreno Mansilla (1959-2012), quienes han desarrollado una línea más formalista y menos urbana, autores de una serie de museos, como el Museo de Zamora (1992-1996), una obra de una especial intensidad tipológica; el Museu de Belles Arts (Castellón, 1995-2000), con muy buena iluminación cenital pero aislado de su entorno urbano; y el Museo de Arte Contemporáneo de Castilla y León (León, 2001-2004), en el que se expresa el recurrente manierismo y formalismo de su obra posterior. Su pieza más lograda, urbana y patrimonial es la reconversión del conjunto de la antigua fábrica de cervezas El Águila en el Archivo de la Comunidad de Madrid (1994-2002), una magnífica lección de cómo remodelar la arquitectura industrial con mucha inteligencia y con formas atractivas y contemporáneas.

En una línea paralela a la de Rafael Moneo, de atención al patrimonio histórico y de realización de una arquitectura pensada para el contexto, se sitúa la obra de Víctor López Cotelo (1945), discípulo de Alejandro de la Sota, quien ha construido una serie de intervenciones en el patrimonio rural y preindustrial de la periferia de Santiago de Compostela, convirtiéndolas en conjuntos de vivienda colectiva, con un cuidado equilibrio entre lo contemporáneo y la revalorización de lo existente; y la reconversión del antiguo hospital militar como sede de la Escuela de Arquitectura de Granada (2009-2015).

Tuñón y Mansilla,
Archivo de la Comunidad
de Madrid, Madrid, España,
1994-2002.

Sin una adscripción directa a Rafael Moneo, pero desarrollando también una arquitectura inspirada en el contexto basada en estructuras tipológicas muy claras que recurren a sistemas de patios y lucernarios, está la obra de Fuensanta Nieto y Enrique Sobejano, como el Museo Madinat Al-Zahra (Córdoba, 2000-2009) y el Espacio Andaluz de Creación Contemporánea (Córdoba, 2008-2013).

Manuel de Solà-Morales: la vivienda urbana

Manuel de Solà-Morales (1939-2012) dejó como legado sus conceptos de arquitectura dentro de la escala urbana, especialmente en sus proyectos de nuevos barrios residenciales.[5]

Uno de ellos fue la Torre-sana (Terrassa, 2006-2012), un plan parcial de manzanas cerradas y semiabiertas proyectadas por Eva Prats y Ricardo Flores, Enric Sòria y Josep Llinàs, y unos bloques lineales estrechos del propio Solà-Morales. El barrio de Torre-sana es un excelente ejemplo de resolución del límite abierto de la ciudad industrial en contacto con el campo y el paisaje mediante manzanas y bloques de viviendas que se sitúan entre un parque, que conserva alguno de los pinos preexistentes, y el valle, potenciando la vida de barrio y el sentido de comunidad.

Manuel de Solà-Morales ya había construido el conjunto de viviendas sociales en el barrio de La Sang (Alcoy, 1988-2001)

Flores Prats, Torre-sana, Terrassa (Barcelona), España, 2006-2012.

en un gran vacío urbano, creando una manzana casi cerrada y ajustándola a las preexistencias, medianeras y pasos; y uno de sus últimos proyectos, solo realizado en parte, el nuevo barrio en los antiguos cuarteles de Sant Andreu (iniciado en 2006), es una buena lección de cómo densificar y mejorar la ciudad con vivienda, equipamientos y espacio público.

Solà-Morales realizó diversas intervenciones en ciudades europeas, especialmente costeras, como la remodelación de las antiguas infraestructuras navales de Saint-Nazaire (1994-1998), para convertirlas en un espacio público con centralidad y con usos de ocio y cultura; o como la plaza y estación intermodal en Lovaina (1996-2002). Planteaba soluciones modélicas, aprovechaba su experiencia y convertía la tradición de la crítica tipológica en un instrumento capaz de intervenir en la realidad urbana a partir de la vivienda y el espacio público. La intervención que proyectó con Rafael Moneo en L'Illa Diagonal (Barcelona, 1987-1993) demuestra una confianza en los saberes y posibilidades de la arquitectura y el urbanismo, en su capacidad estratégica y de conexión para mejorar las condiciones de vida de las personas y las cualidades de los contextos.

Álvaro Siza: la Fundacão Iberê Camargo

La prolífica obra de Álvaro Siza (1933) parte siempre de una cuidada interpretación del entorno, del programa y de la manera de construir más lógica. Dentro de la unidad y la coherencia, su obra ha ido evolucionando y se ha ido adaptando a los diferentes encargos y lugares. Esta manera de hacer ha tenido momentos clave, como la realización del barrio de la Malagueira, iniciado en 1974, donde su aproximación a la arquitectura popular y a las costumbres de los usuarios marcó un punto de inflexión en la historia de la vivienda social; y la Fundacão Iberê Camargo (Porto Alegre, 1998-2008), resultado de un *tour de force* para ajustar el programa del museo al contexto paisajístico, junto a una carretera y un río, en un edificio que expresa el diálogo con la arquitectura brasileña contemporánea y con la arquitectura americana en general, desde Oscar Niemeyer y Lina Bo Bardi a Frank Lloyd Wright. Obra maestra en su acceso y en sus espacios interiores, que permiten un buen visionado de las obras de arte, expresa su tendencia a los espacios constreñidos en el túnel exterior que va descendiendo desde la parte superior y que otorga al edificio su valor escultórico. En 2011, Siza ganó el concurso internacional para remodelar el atrio de la Alhambra en Granada junto a Juan Domingo Santos (1960).

Dentro del contexto portugués, otro de los arquitectos que ha destacado por su obra conceptual, minimalista y basada en la estructura es Eduardo Souto de Moura (1952), cuyas obras más monumentales son el estadio de fútbol de Braga (2003), una gran estructura que conserva un aparte de la ladera rocosa existente, y el Museu Paula Rego (Cascáis, 2005-2009), coronado con volúmenes piramidales.

Urbanidad de las arquitectas vienesas
Dentro de la modélica tradición de la vivienda socialdemócrata en Austria, que cuenta con hitos como el Karl-Marx-Hof, destaca el conjunto residencial de Margarete Schütte-Lihotzky Hof (1997), un complejo proyectado por cuatro mujeres (Franziska Ullmann, ganadora del concurso del plan urbano, Elsa Prochazka, Gisela Podreka y Liselotte Peretti) que pudo realizarse gracias a la iniciativa de la Oficina de la Mujer de Viena, dirigida por Eva Kail. Visto que las arquitectas tienen menos oportunidades que los hombres para llevar a cabo proyectos, se impulsó la realización de este conjunto residencial proyectado solo por mujeres. El complejo se organiza como una manzana cerrada alargada cuyo espacio público permite atravesarla acortando el recorrido.

Álvaro Siza, Fundacão Iberê Camargo, Porto Alegre, Brasil, 1998-2008.

Todo está proyectado desde la lógica espacial y estructuradora de espacios ajardinados diferenciados y especializados, aportando permeabilidad y transparencia por la abundancia de accesos, y consiguiendo un buen gradiente entre lo público y lo privado, con zaguanes, pasos en planta baja, jardines y zonas de juego, escaleras, corredores y pasarelas.

Franziska Ullmann, antigua socia de Peter Ebner, ha demostrado su capacidad teórica y didáctica en el libro *Basics. Architecture and Dynamics*.[6] Es autora del plan general del nuevo barrio Inderwiesen Nord (Viena, 1998), en el que proyectó uno de los edificios centrales, organizado en torno a un patio, con equipamientos públicos entre el edificio y la calle, y con comercios en planta baja. Se trata de un conjunto pensado para vivir y trabajar, para que puedan convivir distintas generaciones. Es compatible que parejas con hijos habiten en una planta y en el mismo edificio vivan los abuelos y puedan cuidar de sus nietos; y viceversa, que los hijos estén cerca de sus padres cuando están muy mayores o enfermos. Cada bloque tiene diversidad de tipos, consiguiéndose, con la diversidad cromática de ventanas y terrazas, formas sugerentes y estimulantes.

Elsa Prochazka (1948)[7] ha construido diversos conjuntos de vivienda muy funcionales y expresivos, como el Monte Laa (2002-2005), edificios públicos como el centro Arnold Schönberg (1997-1998), una intervención neoplástica, elegante, unitaria y

Margarete Schütte-
Lihotzky Hof, Viena,
Austria, 1997.

expresiva dentro de un palacio neoclásico de principios del siglo xx; y sedes de compañías, como el edificio administrativo y de producción de Coca-Cola (1998-1999).

Arquitecturas urbanas

Son muchos los ejemplos en el contexto europeo en los que la nueva arquitectura se sitúa cuidadosamente en tejidos urbanos y paisajes existentes.

Dentro de la obra dispar de David Chipperfield (1953) destacan piezas singulares como su casa en Corrubedo (1996-2002), el Deutsche Literaturarchiv (Marbach am Necker, 2002-2006) y la laboriosa intervención en el conjunto de edificios de la isla de los museos de Berlín (1997-2010). Sin embargo, su prolífica obra a menudo es repetitiva, carente de cualidades y poco relacionada con el contexto.

Yvonne Farrell (1951) y Shelley McNamara, fundadoras de Grafton Architects en 1978, en Dublín, han construido compactas obras urbanas, como la sede de la Escuela de Economía en la Università Commerciale Luigi Bocconi (Milán, 2008), un gran volumen en esquina y entre medianeras; y el nuevo campus vertical de la UTEC (Lima, 2013-2015) de forma escalonada, que se inspira en la franja costera de Lima y en el Machu Picchu.

El estudio con sede en Berlín formado por Matthias Sauerbruch (1955) y Louisa Hutton (1957) destaca por una obra muy

David Chipperfield Architects, rehabilitación del Neues Museum, Berlín, Alemania, 1997-2009.

delicada, urbana y policromada de gran claridad tipológica, como el hito urbano de la sede central de GSW (Berlín, 1991-1999), o el edificio lleno de vida, color, luz y vegetación de la Agencia Federal del Medio Ambiente (Dessau, 1998-2005).[8] En Colombia sobresale la contemporaneidad clasicista y modernidad armónica de Daniel Bermúdez Samper (1950), construida con hormigón blanco y con la omnipresencia de una luz natural tratada con maestría mediante lucernarios y ventanales. Una de sus obras públicas es la reconversión de un depósito de tratamiento de residuos en la biblioteca pública El Tintal (2000-2001). Sus intervenciones en la Universidad Jorge Tadeo Lozano (desde 1997) tienen calidad arquitectónica y potencian atractivos espacios urbanos para la vida universitaria. Con el español Juan Herreros realiza el nuevo Centro Internacional de Convenciones de Bogotá, tras ganar el concurso en 2011.[9]

Y por último, en el terreno de la arquitectura en el paisaje que aumenta el valor de la historia, se encuentran las bodegas de formas clásicas, estereotómicas y monumentales del equipo de Eliana Bórmida y Mario Yanzón, en la zona vitivinícola de Mendoza, junto a los Andes argentinos.

Arquitecturas de la domesticidad

Existe una serie de arquitectos que han destacado por sus valiosas aportaciones a la arquitectura doméstica, conscientes de las tradiciones de la vivienda unifamiliar y que trabajan en un pequeño estudio.

Uno de ellos es Carlos Jiménez (1959), de origen costarricense y asentado en Houston, que realiza una arquitectura basada en la composición, la memoria, el contexto y la calidad de los materiales; y con obras como la casa Saito (1991-1998), que entroncan con la tradición doméstica americana. Ha realizado también obras públicas, como edificios universitarios y museos.[10]

Otro es el argentino Mariano Clusellas (1963), quien se mueve con sabiduría en el mundo de la vivienda unifamiliar, modelando sus espacios y la luz natural con un uso impecable de los materiales. Siguiendo la tradición de la arquitectura moderna argentina e integrando influencias de Mies van der Rohe, José Antonio Coderch, Luis Barragán y Aldo Rossi, ha realizado obras como la casa Azul (Colonia de Sacramento, 1995). La casa consigue una continuidad con el paisaje a través de dos volúmenes, un espacio único para la pequeña vivienda y un almacén, y tiene cubiertas inclinadas y recubrimiento de chapa azul sobre patas de madera y bloques de hormigón.

Sou Fujimoto (1971) generalmente lleva a cabo experimentos con los materiales, proporciones, espacios y tipologías de viviendas unifamiliares; son proyectos pensados lentamente, uno a uno, siempre diferentes. Con ello se experimenta de manera sistemática, estableciendo una especie de mandalas, *partis* o diagramas basados en la relación entre las formas, los materiales y el cuerpo humano, de modo que se desvanecen las fronteras entre interior y exterior, mueble y arquitectura, edificio y naturaleza. Entre sus obras se encuentra la Casa de madera definitiva (Kumamoto, 2005-2008) o la biblioteca y museo de la Universidad Musashino (Tokio, 2007-2010), configurada por módulos de estanterías de madera y por paramentos de vidrio, o su torre-árbol en Montpellier (2014), donde plantea un rascacielos formado por el apilamiento de casas unifamiliares con grandes terrazas verdes en abanico y escalonadas.[11]

En Chile destaca la obra de Mauricio Pezo (1973) y Sofía von Ellrichshausen (1976). Entre sus casas unifamiliares destaca la casa Poli (península de Coliumo, 2002-2005), que marca un hito en la arquitectura estereotómica construida con hormigón armado

Mariano Clusellas, casa Azul, Colonia de Sacramento, Uruguay, 1995.

artesanal; una reinterpretación de las cuevas, geométricamente excavadas dentro de un gran cubo de piedra con aberturas de un espesor habitable, sobre una alta costa rocosa. Pezo von Ellrichshausen proyectan una arquitectura esencialista, que tiene raíces en el minimalismo de Dom van der Laan, el esencialismo de Juan Borchers y la arquitectura fenomenológica de Steven Holl. Además, realizan obras efímeras basadas en acciones en el espacio público y el paisaje.[12]

Recuperación de los valores artesanales de la arquitectura

Una serie de experiencias dispersas en países de Asia y América demuestran una muy valiosa recuperación de los valores artesanales de la arquitectura.

Uno de los ejemplos es el del arquitecto indio Bijoy Jain (1965), fundador del Studio Mumbai. Formado en Estados Unidos a finales de la década de 1980, en 1995 Jain decidió volver a la India tras haber trabajado con Richard Meier. De vuelta a casa, y tras comprobar las informalidades, incompetencias y cambios introducidos por constructores e industriales en sus primeras obras, decidió buscar él mismo a los artesanos y los constructores. Quería conseguir una calidad constructiva a partir de la recuperación de los materiales, las técnicas y los saberes de la artesanía y la construcción local. Para ello creó un equipo de artesanos para potenciar un diálogo colectivo basado en un

Pezo von Ellrichshausen, casa Poli, península de Coliumo, Chile, 2002-2005.

lento y amistoso intercambio de experiencias y conocimientos; una reinterpretación de la ética de los *arts and crafts* de William Morris y una reivindicación de la India artesanal y de los *villages y cottages* de Mahatma Gandhi.

La mayoría de sus obras, sencillas, livianas, llenas de aire, sol y naturaleza, con la intensa presencia de los materiales, son casas para personas con recursos, como la casa Tara (Kashid, 2005), el centro de vacaciones Leti 360 (Uttaranchal, 2007), la casa Palmyra (Nandgaon, 2007), la casa en Poli Hill (2008), la casa de cobre II (Chondi, 2011-2012) y la casa Ahmedabad (Ahmedabad, 2012-2014). Studio Mumbai es un inmenso taller basado en los procedimientos manuales e incluye todos los saberes artesanales que intervienen en la arquitectura: piedra, ladrillo, cerámica, madera, cemento, yeso, pintura, etc. Pacientemente, los artesanos experimentan con cada material en una manera de hacer sostenible que aprovecha los recursos, da trabajo a docenas de artesanos y crea obras que se integran en el contexto.

Marina Tabassum, quien dirige el estudio Marina Tabassum Architects (MTA) en Dacca, ganó el concurso para el Monumento a la Independencia y el Museo de la Guerra de la Liberación (inaugurado en 2013). Tabassum recicla materiales siempre que puede y hace una arquitectura abierta, ventilada e iluminada, con un exquisito gusto, mostrando el aprendizaje de la obra de Louis I. Kahn y Carlo Scarpa, sintonizando con las técnicas

Studio Mumbai, casa de cobre II, Chondi, Maharashtra, India, 2011-2012.

y artes populares, expresión de la búsqueda del silencio y la luz a través de una secuencia de espacios. Entre sus obras destacan la torre residencial en Dacca (2010) de ladrillo y muros curvos y ligeros, y la mezquita Baitur Rauf Jame (Dacca, 2010), que proyectó y construyó para su abuela, una serie de recintos serenos, inscritos unos en otros, con estructura de hormigón armado y muros de ladrillo, lleno de patios y puntos de luz natural, en la tradición de los templos hindúes y los baños árabes.

Y en Sudamérica destacan dos experiencias en esta línea de interpretación de la tradición artesanal de la arquitectura. En Brasil, Joan Villà, con la colaboración de Silvia Chile, ha sistematizado estructuras ligeras a base de ladrillo, llegando a realizar conjuntos como la residencia de estudiantes de la Universidade Estatal de Campinas (1992), o el conjunto residencial Rua Grecia (Cotia, 2001-2002).[13] En Paraguay emerge la obra de Solano Benítez (1963), una obra, creativa e imaginativa, construida con medios muy modestos, a base de estructuras ligeras para cubiertas, lucernarios y patios, que parte siempre del ladrillo para crear celosías para viviendas singulares y edificios como el centro de rehabilitación infantil Teletón (Lambaré, 2008).[14]

[1] Aureli, Pier Vittorio, *The Project of Autonomy. Politics and Architecture Within and Against Capitalism*, Columbia University/Princenton Architectural Press, Nueva York, 2008.

[2] De Maio, Fernanda; Ferlenga, Alberto y Montini Zimolo, Patrizia, *Aldo Rossi, la storia di un libro. L'architettura della città, dal 1996 ad oggi*, Il Poligrafo, Padua, 2014.

[3] Sobre las propuestas del New Urbanism véanse: Duani, Andrés; Speck, Jeff y Lydon, Mike, *The Smart Growth Manual*, McGraw-Hill, Nueva York, 2009; y Montaner, Josep Maria, *Sistemas arquitectónicos contemporáneos*, Editorial Gustavo Gili, Barcelona, 2008, págs. 123-125.

[4] Moneo, Rafael, *Inquietud teórica y estrategia proyectual en la obra de ocho arquitectos contemporáneos*, Actar, Barcelona, 2004.

[5] Montaner, Josep Maria, "Links de Manuel de Solà-Morales", *Arquitectura COAM*, núm. 335, Madrid, 2004, págs. 70-71.

[6] Ullmann, Franziska, *Basics. Architecture and Dynamics*, Springer, Viena/Nueva York, 2011.

[7] Véase: De Maio, Fernanda (ed.), *Elsa Prochazka*, Libria, Melfi, 2002.

[8] Véase: *2G*, núm. 52 (*Sauerbruch Hutton*), Barcelona, 2009.

[9] Véase: Escobar, Alberto; Villazón, Rafael y Aschner, Juan Pablo, *4° Lat N2, 600 msnn. Daniel Bermúdez, arquitectura*, Lunwerg, Bogotá, 2010.

[10] Véase: *2G*, núm. 13 (*Carlos Jiménez*), Barcelona, 2000.

[11] Véase: *2G*, núm. 50 (*Sou Fujimoto*), Barcelona, 2009.

[12] Véase: *2G*, núm. 61 (*Pezo von Ellrichshausen*), Barcelona, 2011.

[13] Véase: Montaner, Josep Maria y Muxí, Zaida, "Joan Villà, construcciones para la sociedad", *La Vanguardia*, Barcelona, 25 de mayo de 2011. www.vitruvius.com.br/revistas/read/projetos/13.154/4895

[14] Véase: Anderson Freitas, Pablo Hereñú (ed.), *Solano Benítez*, Hedra/Editora da Cidade, São Paulo, 2012.

ARQUITECTURA

Y

FENOMENOLOGÍA

Sin duda, en esta interpretación de los últimos veinticinco años, una de las más grandes novedades y aportaciones en la arquitectura ha sido la paulatina importancia otorgada a los sentidos, a la percepción y a la experiencia humana. La tradición del realismo ha evolucionado hacia el realismo específico de la fenomenología de los filósofos Edmund Husserl, Maurice Merleau-Ponty, Edith Stein y Gaston Bachelard y del existencialismo de Martin Heidegger y Hannah Arendt. Ello se ha conceptualizado en las teorías de Juhani Pallasmaa[1] y Alberto Pérez-Gómez, y se ha expresado en las obras de Steven Holl, Glenn Murcutt, Peter Zumthor, Elizabeth Diller y Ricardo Scofidio, Tod Williams y Billie Tsien, entre otros.

Realismo y brutalismo

En esta revitalización de la arquitectura fenomenológica, de la experiencia y del humanismo, tiene mucho que ver la paulatina revalorización de la teoría y obra de Lina Bo Bardi (1914-1992) mediante libros, exposiciones y filmaciones. Por su arquitectura realista y directa, contundente expresión de la arquitectura popular, que utilizó materiales asequibles y presupuestos razonables y que se relaciona intensamente con el lugar, Lina Bo Bardi se ha convertido en un referente y modelo siempre emergente del siglo XXI. Y en esta dirección de una arquitectura realista destaca la trayectoria de sus discípulos Marcelo Ferraz (1955) y Francisco Fanucci (1952), que encabezan el estudio Brasil Arquitetura, y que han desarrollado obras representativas y atractivas desde el punto de vista plástico, urbano y paisajístico como el Museu do Pão (Ilópolis, 2010), la rehabilitación de un molino decimonónico que se amplió con unos pabellones para exposición y aprendizaje, donde contrastan la ligereza y la transparencia del vidrio en los espacios nuevos con la compacidad de la madera en el antiguo molino. O como la Praça das Artes (São Paulo, 2012), un complejo urbano en el centro histórico donde se restaura el patrimonio y se relacionan edificios para crear un conjunto para el arte y la cultura con diversidad de accesos y relaciones urbanas. Sin embargo, la condición hegemónica de estos arquitectos les aleja de la posición crítica y política de su maestra.

Brasil Arquitetura,
Praça das Artes,
São Paulo, Brasil, 2012.

Una de las líneas relacionadas con el realismo y la fenomenología, la del denominado "nuevo brutalismo" de Reyner Banham, ha sido reinterpretada por la crítica brasileña Ruth Verde Zein, quien en su estudio *Brutalist Connections*[2] relaciona el neobrutalismo de la Praça das Artes de São Paulo con las obras del equipo de arquitectos libaneses 109 Architects, especialmente el campus USJ (Beirut, 2005-2011), un conjunto de volúmenes de hormigón armado llenos de tectónicas ranuras, ventanas y celosías, proyectado por Ibrahim Berberi y Nada Assaf, con la colaboración de Youssef Tohme. O con las obras del Premio Pritzker chino Wang Shu (1963) y su socia Lu Wenyu (1966), dentro de Amateur Architecture Studio, basadas en la reutilización de materiales, como su Museo de Historia (Ningbo, 2003-2008). Este complejo volumétrico está compuesto por la superposición de capas de materiales procedentes de antiguos edificios derribados y espesos muros de ladrillos y tejas de texturas muy diversas que impresionan a los sentidos, y con estrechos y estereotómicos huecos de ventana; hay siempre un trabajo con materiales históricos.

Steven Holl: espacios de percepción

Uno de los arquitectos más relevantes por su proximidad a la fenomenología es Steven Holl (1947), quien con sus acuarelas y maquetas consigue prever los efectos de la luz natural para que los espacios interiores se perciban, se sientan, se palpen, se huelan,

Amateur Architecture Studio (Wang Shu y Lu Wenyu), Museo de Historia, Ningbo, China, 2003-2008.

tengan temperatura y color. Por el uso dramático de la luz coloreada, en sus obras sobresale la influencia de la arquitectura de Luis Barragán y de las instalaciones de James Turrell. Sus casas unifamiliares, con sus nombres y formas, siguen la poética iluminista y revolucionaria de Étienne-Louis Boullée y Claude-Nicolas Ledoux, y de las casas experimentales de John Hejduk.

Entre sus obras destacan la capilla de San Ignacio de Loyola (Seattle, 1991-1997) que, con sus pozos de luz como botellas de colores, constituye una brillante interpretación contemporánea de la capilla en Ronchamp de Le Corbusier; el Bellevue Arts Museum (Seattle, 1997-2001), que con sus formas anudadas monumentaliza una esquina de un suburbio; el Museum of Contemporary Art Kiasma (Helsinki, 1992-1998), una lección de creación de espacios para el arte especialmente bien iluminados, con la difusa luz natural nórdica y precisos sistemas de iluminación artificial, acordes con el fulgor de las pantallas y de las obras de arte electrónico, y muy bien integrado en el centro histórico de la ciudad; y la ampliación del Nelson-Atkins Museum of Art (Kansas City, 1999-2007), conformado por la secuencia de volúmenes translúcidos de las salas, bien adaptados a la topografía, articulados por blancos e iluminados espacios de conexión en torno al edificio del museo existente de arquitectura académica.

Su obra más reconocida es el Simmons Hall, la residencia universitaria del Massachusetts Institute of Technology (Cambridge,

Steven Holl, capilla de San Ignacio de Loyola, Seattle, Estados Unidos, 1991-1997.

1999-2002), un inmenso volumen lineal, horadado en distintas partes y con cinco grandes huecos verticales de forma irregular y orgánica que introducen la luz natural y favorecen la ventilación. Y su obra más espectacular, que lleva a una gran escala su teoría inicial de una arquitectura de anudamientos, entrelazamientos y anclajes, es el conjunto híbrido enlazado (Pekín, 2003-2008), con unas altas torres conectadas por pasarelas acristaladas peatonales.[3]

Glenn Murcutt: integración en el medio

Glenn Murcutt (1936) ha elaborado una obra meticulosa y lenta, construida en solitario, de casas que se elevan del terreno —para protegerse del calor y de los animales— con cubiertas inclinadas para favorecer la ventilación natural y aprovechar la luz solar. Su obra está influida por las lecturas de Henry David Thoreau y es un gran admirador de la arquitectura de Mies van der Rohe y Craig Ellwood, que ha reinterpretado y aclimatado a Australia, además de estar en sintonía con Alvar Aalto. La mayor parte de sus obras, privadas y públicas, siguen un esquema bioclimático semejante, adoptando una forma longitudinal orientada según el eje este-oeste, con la mayor fachada hacia el sur, cubiertas a dos aguas y la base elevada del suelo, inspirándose en la arquitectura autóctona.

Casi todas las obras de este funcionalismo ecológico y popular se ubican cerca de Sídney, y entre ellas destaca la casa

Steven Holl, residencia de estudiantes Simmons Hall, Cambridge (Massachusetts), Estados Unidos, 1999-2002.

Simpson-Lee (Mount Wilson, 1988-1994), la casa Marika-Alderton (1994), el centro de visitantes Bowali (Parque Nacional de Kakadu, 1992-1994) y el Arthur & Yvonne Boyd Art Centre (Riversdale, 1996-1999).[4]

Esta línea de máximo respeto por el contexto encuentra su reflejo en la obra del estudio de Brian Mckay-Lyons (1954) y Tabot Sweetapple, de Halifax (Canadá), expresada en arcádicas, delicadas y elegantes obras hechas siempre con los materiales y las formas del lugar, como la casa Bridge (Nueva Escocia, 2011), frente a un lago y entre árboles, en la que destaca su ligereza y el predominio de la madera.

Peter Zumthor: la materia en el paisaje

Peter Zumthor (1943) ha realizado una obra impecable en su concepción y construcción, con una compleja relación con el entorno, y se ha convertido en un referente de la arquitectura contemporánea por sus obras y sus escritos. Ebanista y arquitecto de formación, su obra sintetiza artesanía e industria, percepción sensorial y razón, subjetividad y conceptualidad, naturaleza y tecnología. Una obra hecha selectivamente, cierta herencia de las cualidades materiales y perceptivas de Carlo Scarpa.

En la cubrición del yacimiento arqueológico romano (Chur, 1985-1986), con la levedad de la madera y la tensegridad del acero, consigue un contenedor mínimo y liviano para proteger los restos arqueológicos, evidenciando los estratos y mostrando las

Peter Zumthor, capilla de St. Benedetg, Sumvitg, Suiza, 1987-1989.

pequeñas piezas recuperadas mediante una exquisita museografía. En la capilla de St. Benedetg (1987-1989), de forma elíptica, todo es de madera, como si fuera una embarcación que surca la montaña, consiguiendo con los mínimos recursos unos intensos efectos de luz natural y de recogimiento espiritual.

En su obra más reconocida, las termas de Vals (1990-1996), se alcanzan intensas experiencias de percepción del espacio interior, definido por las diversas texturas de la piedra, los efectos de luz natural y artificial, y las vistas hacia un paisaje singular. Ello se percibe penetrando en un edificio que, primero, parece telúrico, excavado en la materia, y termina siendo un volumen exento y abierto hacia el paisaje, en resonancia con el entorno. En los volúmenes se expresa un modulado neoplasticista en la tradición de la arquitectura abstracta de la región del Ticino, y en los interiores se capta una especial atmósfera hecha de luz, agua y vapor, y de la experimentación de las texturas de la piedra y el hormigón, los sonidos de las personas y la vibración del agua, las variaciones de temperatura y los matices de los olores.

En el museo archidiocesano Kolumba (Colonia, 1997-2007), Zumthor consigue situar su edificio, como una capa más del palimpsesto, sobre unos restos romanos, las ruinas medievales de la iglesia gótica y la preexistencia de la capilla de 1949, obra de Gottfried Böhm. El nuevo edificio se sitúa sobre las preexistencias

Peter Zumthor,
termas de Vals, Suiza,
1990-1996.

con su estructura de pilares cilíndricos de hormigón armado. El muro exterior situado sobre las ruinas es de ladrillo y tamiza la luz natural al convertirse en celosía. En el recorrido, los sentidos perciben los valores de la atmósfera interior: la potencia de la estructura del edificio, la sintonía entre los materiales tratados según su esencia, la singular relación entre las características de las obras de arte y las cualidades del espacio, el sonido y temperatura de los espacios, que se perciben por su luminosidad y los reflejos, por el tacto de las texturas, y por la percepción de los pequeños cambios de nivel en los suelos.

A excepción del Kunsthaus (Bregenz, 1997), donde se producen contradicciones entre la estructura, las fachadas y la entrada de luz natural en los espacios, el resto de la obra de Zumthor demuestra una fuerte coherencia y profundiza en los temas claves e intemporales de la arquitectura: materialidad, espacio, simbolismo, relación con el contexto y la atmósfera.[5]

Mauricio Rocha: formas y texturas para los sentidos

Otra obra basada en el estímulo a todos los sentidos es la de Mauricio Rocha (1965), influido por artistas como Gordon Matta-Clark, Marcel Duchamp y John Cage. Rocha destaca por sus intervenciones artísticas y sus proyectos museográficos para centros artísticos, demostrando una gran cultura, un gusto

Mauricio Rocha, centro para invidentes y débiles visuales en Iztapalapa, Ciudad de México, México, 2000-2001.

exquisito y un innato saber para la composición y el espacio. Con sus obras crea contenedores de emociones, andamios que instalan arquitecturas en interiores, fondos neutros para ser llenados por la policromía de la vida y de los objetos, por la vegetación, por las personas y sus experiencias.

En el centro para invidentes y débiles visuales en Iztapalapa (Ciudad de México, 2000-2001), todos los espacios, abiertos y cerrados, están pensados en la peculiar percepción de las personas ciegas o con dificultades visuales, previendo estimular todos los sentidos. Los cambios de textura para el tacto en zócalos, arrimaderos y muros (de hormigón y piedra), con distintos tipos de pavimentos de piedra y grava, permiten percibir el distinto rozamiento de los pies, y la presencia del rumor del agua hace que noten la humedad. Los usuarios perciben las luces y las sombras a partir de los tamices de la luz natural y de su color. Se potencian los sentidos del tacto, el olfato y el oído que la fenomenología colocó por encima del de la vista. Además, se han creado distintos espacios abiertos, semicubiertos y cubiertos donde resuenan los sonidos y las pisadas, y seis grupos de especies de plantas y flores olorosas en los jardines perimetrales sirven para ubicarse desde el olfato.

El mercado de San Pablo Oztotepec (Milpa Alta, 2002-2003) se basa en un sistema modular de 6 × 6 m muy flexible en su uso y bien iluminado cenitalmente que cada mañana se llena de los colores, los olores y la actividad del mercado. Este mercado forma parte de una serie de equipamientos deportivos y administrativos de esta zona popular de Ciudad de México, todos ellos obra del propio Mauricio Rocha.

La Escuela de artes plásticas de la Universidad Autónoma Benito Juárez (Oaxaca, 2007-2008)[6] es un recinto semienterrado, como si fuera una arquitectura prehispánica, configurado a base de prismas con patios arbolados que potencian un microclima y realizados con paramentos de tierra compactada, estructuras de hormigón armado visto y muros de piedra local. También los materiales de pavimento (hormigón, piedra y grava) varían de textura y, en conjunto, se crea un recinto basado en la percepción, las texturas y los colores con espacios angostos, patios abiertos y variaciones de luz y sombra; un auténtico paisaje para las emociones y la inspiración artística, a pesar de las patologías que han aparecido tras la obra.

Diller Scofidio: el cuerpo y la acción

Elizabeth Diller (1954) y Ricardo Scofidio (1935), quienes se formaron bajo la influencia de John Hejduk en la Cooper Union de Nueva York, han realizado una obra que va más allá de los límites de la arquitectura. Esta dilatada obra multidisciplinar, realizada en las décadas de 1980 y 1990 con videoarte, instalaciones, exposiciones, escenografías teatrales y artículos, les ha permitido experimentar sin trabas y deconstruir la visión establecida del cuerpo y del género. Sus obras parten del estudio del cuerpo humano y de las relaciones entre lo natural y lo artificial, e intentan superar los límites entre lo público y lo privado.

Influidos por el accionismo de artistas como Gordon Matta-Clark, Diller y Scofidio han demostrado cómo nuestros cuerpos están construidos por sutiles mecanismos de control a través de los estándares de comportamiento en el espacio convencional. En sus experimentos hay influencias de la denuncia de la arquitectura como instrumento de control en los textos de Michel Foucault y hay una búsqueda de las coordenadas de una era posmediática, tal como argumentaba Félix Guattari.

El pabellón Blur para la Exposición Nacional Suiza (Yberdon-les-Bains, 2002) es un manifiesto de arquitectura sin límites que se disuelve en el ambiente. La estructura ligera, inspirada en las formas tensiles y futuristas de Richard Buckminster Fuller, es un sistema de tensegridad según el cual un conjunto de componentes discontinuos a compresión interactúan con un sistema de tensores continuos conformando un volumen estable. A la plataforma se accede por una larga pasarela peatonal, mientras centenares de pulverizadores recogen y vaporizan agua del lago Neuchâtel creando una experiencia ambiental basada en la percepción emocional de un paisaje de vapor.

High Line es un corredor ecológico en el centro de Manhattan. El proceso que hizo posible la recuperación de un espacio público

Diller Scofidio,
pabellón Blur,
Exposición Nacional Suiza,
Yberdon-les-Bains,
Suiza, 2002.

sobre los restos de una línea ferroviaria elevada arrancó de los vecinos del barrio, quienes, desde sus ventanas, observaban cómo la naturaleza había colonizado un espacio abandonado desde 1980, y dieron la voz de alarma cuando un proyecto público pretendía desarmar las vías y la estructura elevada. Tras años de lucha con exposiciones de fotografías, reuniones y reivindicaciones, el Ayuntamiento aceptó convertir este espacio de 2,4 km de vía elevada en un nuevo parque lineal, convocando para ello un concurso en 2007, que ganaron Diller Scofidio + Renfro, en colaboración con el paisajista James Corner. El proyecto es muy unitario y parte de la opción minimalista de un único elemento de cemento prefabricado que, con sus variantes, permite resolver las diversas necesidades del suelo: pavimento, borde, límite y engarce con el mobiliario urbano. La plantación recrea la vegetación "informal" que se había dado de manera espontánea y que ahora crece en espacios previstos y entre los intersticios del pavimento.

El Museu da Imagen e do Som en Río de Janeiro, ganador del concurso convocado en 2009, se basa en el despliegue en su frente de las cintas de unos planos inclinados de acceso público, inspirados en los pavimentos de los paseos peatonales proyectados por Roberto Burle Marx, que se van replegando y que contienen las escaleras. Sin embargo, el resultado final es un objeto excesivamente autónomo, que considera poco su situación de esquina.

James Corner Field Operations y Diller Scofidio + Renfro, High Line, Nueva York, Estados Unidos, 2005-2009.

Williams Tsien: lentitud

La obra de Tod Williams (1943) y Billie Tsien (1949) destaca por el valor de la materialidad, la luz natural y la calidad de los espacios, por lo que se sitúa claramente en la arquitectura que se basa en el mundo de las experiencias. Entienden la arquitectura como un acto de profundo optimismo y se basan en la confianza de que la arquitectura crea lugares que hacen sentir la gracia de la vida. Por ello sus obras buscan un placer tranquilo, quieren resolver problemas, trascender soluciones y construyen edificios para que permanezcan, sean queridos y creen una marca positiva en el mundo. En su manera de trabajar se combinan la esperanza, el rigor y el cuidado cariñoso, y pretenden realizar albergues para el cuerpo y el alma de las personas. Se trata de la transposición explícita de los principios de la lentitud en arquitectura. Son siempre obras bien equilibradas e integradas en el entorno paisajístico o urbano, expresivas por la variedad y textura de los materiales, la presencia de la luz natural y el énfasis en la percepción por los sentidos, alegres y discretas.[7]

Todo ello se expresa en obras como el Instituto de Neurociencia (La Jolla, 1992-1995), un conjunto semienterrado de laboratorios con muros de hormigón y patios de luces, la casa Rifkind (Nueva York, 1998) y el American Folk Art Museum (Nueva York, 2000-2001).

Williams Tsien, American
Folk Art Museum, Nueva York,
Estados Unidos, 2000-2001.

[1] Véase: Pallasmaa, Juhani, *The Eyes of the Skin*. Architecture and the Senses [1996], Willey-Academy, Chichester, 2012 (versión castellana: *Los ojos de la piel. La arquitectura y los sentidos*, Editorial Gustavo Gili, Barcelona, 2014).

[2] Verde Zein, Ruth, *Brutalist Connections. A Refreshed Approach to Debates & Buildings*, Altamira, São Paulo, 2014.

[3] Véanse: Holl, Steven, *Anchoring*, Princeton Architectural Press, Nueva York, 1989; *Intertwining*, Princeton Architectural Press, Nueva York, 1996 (versión castellana: *Entrelazamientos*, Editorial Gustavo Gili, Barcelona, 1997); *House, Black Swan Theory*, Princeton Architectural Press, Nueva York, 2007.

[4] Véase: Fromonot, François, *Glenn Murcutt, Buildings + Projects. 1962-2003*, Thames & Hudson, Nueva York, 2003.

[5] Véase: Zumthor, Peter, *Atmosphären*, Birkhäuser, Basilea, 2006 (versión castellana: *Atmósferas*, Editorial Gustavo Gili, Barcelona, 2006). Sobre Peter Zumthor véanse: Montaner, Josep Maria, *Del diagrama a las experiencias, hacia una arquitectura de la acción*, Editorial Gustavo Gili, Barcelona, 2014; y Trias de Bes, Juan, *Arquitecturas matéricas*, tesis doctoral inédita (ETSAB, Barcelona, 2013).

[6] Véase: AA VV, *Mauricio Rocha. Taller de arquitectura*, Arquine, Ciudad de México, 2011.

[7] Véase: *2G*, núm. 9 (*Williams Tsien*), Barcelona, 1986.

FRAGMENTACIÓN, CAOS E ICONICIDAD

La propuesta de arquitecturas hechas como *collage* de fragmentos, teorizada por Colin Rowe y Peter Eisenman a partir de la década de 1970, ha seguido desarrollándose hasta la actualidad. Tiene su máximo exponente en la prolífica obra de OMA, estudio liderado por Rem Koolhaas, y se expresa en gran parte de la arquitectura holandesa actual. Se trata de una arquitectura basada en el lenguaje, hedonista y versátil, donde el *collage* se lleva a las tres dimensiones y los edificios y la ciudad se construyen por superposición de capas.

El nuevo pragmatismo

Tras la edad dorada de la crítica y teoría de arquitectura de las décadas de 1960 y 1970, tanto del proyecto crítico (de Aldo Rossi o Manfredo Tafuri) como del formalismo analítico (de Colin Rowe), la arquitectura y el urbanismo de la fragmentación tienen continuidad y expresión en el auge del nuevo pragmatismo, lo que se ha denominado la "poscrítica". A partir de la década de 1990, especialmente en las culturas anglosajona y holandesa, ha pasado a predominar un pensamiento heredero del pragmatismo estadounidense, iniciado y consolidado por Charles Sanders Pierce (1839-1914), William James (1842-1910) y John Dewey (1859-1952), un empirismo radical que analiza e interpreta los hechos tal como los experimentamos, sin purismos ni prejuicios, desarrollado actualmente por teóricos como Joan Ockman, Robert Somol, Sarah Whiting o Roemer van der Toorn.[1]

Desde la ironía del nuevo pragmatismo, Somol y Whiting han escrito que "incluso antes de examinar las varias reconfiguraciones de Rowe y Tafuri, es importante reconocer que la oposición entre ambos nunca es tan evidente como cabría esperar: el proyecto ostensiblemente formal de Rowe tiene profundas conexiones con una particular política liberal, y la aparentemente comprometida crítica dialéctica por parte de Tafuri lleva incrustados una serie de aprioris formales, así como un diagnóstico pesimista con respecto a la producción de arquitectura. Visto desde este punto, no hay escritor más político que Rowe, ni más formalista que Tafuri.[2]

En sus escritos sobre los signos, Pierce fue el primero en establecer el significado de "icono, índice y símbolo", y dentro de los iconos situó las imágenes, los diagramas y las metáforas. Por tanto, la conceptualización del nuevo pragmatismo ha ido al unísono con la preponderancia del mecanismo genuinamente moderno de los diagramas. Un momento clave del pragmatismo se produjo cuando el empirismo y manierismo posmoderno de Robert Venturi se sumó al realismo y pragmatismo de Denise Scott Brown.

La teoría y la obra de Peter Eisenman

En el campo de la teoría, las publicaciones y los seminarios, Peter Eisenman (1932) ha seguido predominando en las últimas décadas por su voluntad deconstructiva para articular una interpretación desmitificada y problematizadora de la evolución y de las creencias de la arquitectura desde el Renacimiento hasta el movimiento moderno (poniendo especial énfasis en Leon Battista Alberti, Giovanni Battista Piranesi, Adolf Loos y Giuseppe Terragni); y por su énfasis en los diagramas como instrumento analítico y herramienta generativa, y en la cultura pragmática que se relaciona con ellos. Además del Eisenman teórico y dibujante está el proyectista y constructor. Entre sus obras más representativas se encuentra el monumento a las víctimas del holocausto nazi (Berlín, 1997-2005), una obra minimalista llena de sugerencias respecto a cómo interpretar la historia, la política y la ciudad. Sin embargo, una obra tan desproporcionada como la Cidade da Cultura (Santiago de Compostela, 1999-2013), con unos planteamientos tan desmesurados que han llevado a que parte del proyecto no vaya a realizarse, cuestiona sus propuestas. El gigantesco proyecto crea una montaña artificial de mármol inaccesible que sustituye el ecotopo existente, con unos pasos peatonales como cañadas y unos inmensos espacios interiores definidos por fragmentarias tramas diagramáticas conformadas por unos cielos rasos que ocultan una gran cantidad de volumen perdido. Por tanto, aplicando la misma teoría pragmática que valora los fenómenos en sus efectos en la realidad y

Peter Eisenman, monumento a las víctimas del holocausto nazi, Berlín, Alemania, 1997-2005.

en sus cualidades comprobables, los nefastos resultados de la Cidade da Cultura hacen entrar en crisis a los planteamientos teóricos que la pretenden legitimar.

Bernard Tschumi: el Museo de la Acrópolis

Bernard Tschumi (1944), quien en su juventud consiguió realizar un importante proyecto, el parque de La Villette (París, 1982-1990), en su obra posterior había caído en cierta atonía, a pesar de su potente base teórica. Sin embargo, con el Museo de la Acrópolis (Atenas, 2009, en colaboración con Michalis Photiadis) Bernard Tschumi ha conseguido relanzarse con una obra de síntesis en un edificio sumamente popular. El museo acoge a los visitantes bajo una gran marquesina que protege y permite ver los restos arqueológicos a nivel del suelo, y que en la segunda planta se convierte en la gran terraza de la cafetería restaurante. Un amplio vestíbulo conduce a un itinerario de ascenso al gran museo por una amplísima rampa con algunas partes trasparentes para volver a ver los restos arqueológicos. Sobre esta rampa que va de la planta primera a la segunda, donde se expone la colección arqueológica, una escalera central y dos mecánicas dan acceso al tercer nivel.

El recorrido por el museo culmina de manera emocionante en el tercer nivel, un auténtico placer para los sentidos y para entender el Partenón. Para enfatizar la importancia de esta

Bernard Tschumi, Museo de la Acrópolis, Atenas, Grecia, 2009.

parte, el volumen superior gira levemente para colocarse paralelo a la Acrópolis, adoptando su dimensión y orientación.

Aunque una parte de la crítica ha considerado excesivo su volumen y poco respetuosa su relación con el entorno inmediato, el museo ofrece claridad tipológica, con grandes espacios y accesos, generosos y abundantes lugares para sentarse cómodamente a admirar las obras, con buena iluminación natural y artificial, adecuada protección del sol y del calor, y con una buena relación, especialmente en el tercer nivel, entre el museo y el templo original.

Rem Koolhaas/OMA: la biblioteca pública de Seattle

Si hay un arquitecto que represente este cambio de siglo es Rem Koolhaas (1944), que ya había destacado por sus escritos y su capacidad para crear relato arquitectónico en *Delirio de Nueva York*,[3] y por una incipiente obra, como el Kunsthall (Róterdam, 1987-1992). La prolífica actividad arquitectónica y crítica de Rem Koolhaas, que encabeza OMA y que creó la sección AMO para los análisis, exposiciones y publicaciones, llegó a principios del siglo XXI a uno de sus puntos culminantes: la embajada de los Países Bajos en Berlín, el centro McCormick-Tribune en Chicago, la Casa da Música en Oporto y la biblioteca pública de Seattle.

Rem Koolhaas/OMA,
biblioteca de Seattle,
Estados Unidos,
2000-2004.

La biblioteca de Seattle (2000-2004, en colaboración de Joshua Prince-Ramus) es una de las obras más completas de Koolhaas. Se trata de un edificio masa acristalado, emblemático por el esfuerzo administrativo y conceptual y por la síntesis de forma, estructura, espacio, funcionamiento y relación con el entorno. El edificio mantiene muy buena relación con el tejido urbano y social, y es el resultado de un siglo de políticas modélicas en bibliotecas públicas de Seattle. Aprovecha el desnivel entre las dos calles de la manzana en la que se sitúa, facilitando el acceso a todo tipo de personas, y ofrece preciosas vistas sobre la bahía. En su interior se despliega la voluntad de repensar totalmente la tipología de biblioteca contemporánea: se agrupan los volúmenes con las funciones más determinadas y se potencia el movimiento, la fluidez, la flexibilidad, la versatilidad y las relaciones entre las personas en los grandes espacios horizontales y verticales que quedan entre estos volúmenes. En definitiva, Koolhaas consiguió que su propio relato arquitectónico sintonizase con el de una ciudad culta, y pasase a formar parte de ella.

Para la Casa da Música (Oporto, 1999-2005) Koolhaas tomó el proyecto previo de la casa unifamiliar Y2K, situando el gran prisma de la sala de música en el centro del volumen poliédrico, articulando el auditorio menor y las diversas salas y miradores

Rem Koolhaas/OMA,
Casa da Música,
Oporto, Portugal,
1999-2005.

hacia la ciudad en torno a esta sala central. De manera pragmática, el diagrama de las masas y de los recorridos se convierte en un estereotómico edificio monumental.

Analizada con la perspectiva histórica, la obra de Rem Koolhaas desarrolla una estrategia tipológica clara para pasar de unos programas, que siempre son replanteados, a unos espacios dinámicos que funcionan y consiguen unidad y coherencia. Estos mecanismos de renovación tipológica se basan en el énfasis en la autonomía y, a su vez, en la conexión entre las diversas partes del programa previamente reagrupado; en cierta indeterminación de partida que permite combinaciones múltiples y cambiantes, y en un sistema de superposiciones de volúmenes y niveles que hace hincapié en los planos inclinados y en la verticalidad, conectando intencionadamente con escaleras convencionales y mecánicas, rampas, pasarelas y ascensores los diversos volúmenes interiores, también verticales y horizontales, relacionados visualmente entre ellos. Esta gran diversidad interior, que se desarrolla en la tipología de edificio masa, se inspira en el manhattanismo y la lobotomía de unos exteriores que no reflejan la gran diversidad de usos en el interior, tal como Koolhaas descubrió en los rascacielos neoyorkinos y reveló en *Delirio de Nueva York*.[4] El énfasis en el plano inclinado procede de la influencia de la función oblicua de Claude Parent y Paul Virilio, y se ha expresado claramente en la sección dedicada a la rampa dentro de la exposición *Fundamentals*, en la Bienal de Arquitectura de Venecia de 2014, de la que Koolhaas ha sido comisario; el recurso al pliegue procede del pensamiento de Gilles Deleuze.[5]

La escuela holandesa contemporánea: MVRDV

Durante este cambio de siglo, la fuerte presencia de la arquitectura holandesa dentro de una línea hedonista y experimental basada en diagramas e iconos, en el lenguaje y la pragmática, ha sido criticada irónicamente por Roemer van Toorn por su formalismo y falta de compromiso político, un conservadurismo que, en su ignorancia de los niveles más profundos, se expresa en formas aparentemente frescas, innovadoras y divertidas.[6]

Entre los equipos más representativos de esta arquitectura se encuentra el estudio MVRDV, compuesto por Winy Maas

(1959), Jacob van Rijs (1964) y Nathalie de Vries (1965), que eclosionó a finales del siglo xx y entró rápidamente en el mundo de la cultura arquitectónica con una serie de proyectos y libros.[7]

Su obra más emblemática ha sido el Silodam (Ámsterdam, 1995-2002), unas viviendas para clase media con algún equipamiento colectivo en su interior y con gran diversidad de tipologías sabiamente combinadas. Más allá de su atractivo formal, su objetivo de una arquitectura de la individualidad y la diversidad, y su inspiración en la Unité d'Habitation de Le Corbusier, el Silodam alcanza un gran valor por su capacidad para sintetizar propuestas holandesas vanguardistas precedentes: el Crystal Building de Jan Trapman (1956), la teoría de los soportes de N. John Habraken y las megaestructuras libertarias de Constant.

MVRDV, que siguen la estela de Rem Koolhaas/OMA, se han dedicado intensamente a la vivienda colectiva. Sin embargo, el manifiesto de la superposición de capas y de la densidad de su pabellón holandés para la Exposición Universal de Hannover (2000) fue la primera obra que llamó la atención.

Tras la crisis de 2007 y la necesaria respuesta a un nuevo escenario profesional, MVRDV redujeron sus obras, pero no han cambiado sus planteamientos de una arquitectura basada

MVRDV, viviendas Silodam, Ámsterdam, Países Bajos, 1995-2002.

en un juego alegre y optimista, con el gran peso de una teoría a menudo separada del proyecto y la realización, y con una gran capacidad mediática para argumentar y crear paisajes informáticos, que han trasladado a las nuevas ciudades orientales en crecimiento. Su último espectáculo es el Markhal (Róterdam, 2004-2014), un híbrido tipológico, fuertemente icónico, como una catedral o túnel con 228 viviendas que cubren un mercado.

BIG: la iconicidad de la arquitectura

Otra de las herencias de Rem Koolhaas ha sido la iconicidad de la arquitectura de su discípulo Bjarke Ingels (1974) y su estudio BIG que, para entrar en el mercado de concursos y encargos internacionales en un mundo global de mayor competitividad, exploran al máximo las posibilidades de los signos y las imágenes, siguiendo las teorías de Sanders Pierce y su concepto de iconos expresados en diagramas y metáforas. Toda la obra de BIG se resume, tal como presenta el portal de su página web, en los iconos que expresan en cada una de las obras, donde cada proyecto se explica con animaciones sumamente didácticas y sugerentes. Así, la marca BIG consigue reconocimiento mediático y distinción internacional.

BIG, viviendas "la montaña",
Copenhague, Dinamarca,
2008.

Un buen ejemplo de todo ello son las viviendas escalonadas llamadas "la montaña" (Copenhague, 2008) colocadas sobre la estructura de un aparcamiento también escalonado y con rampas, que sirve a gran parte del nuevo barrio. Con cierta inspiración en la esquina llena de alveolos de la casa Milà de Antoni Gaudí en Barcelona, y tomando como tipo de vivienda las casas Kingo de Jørn Utzon, se consigue una densidad considerable de viviendas con buenas vistas, ventilación natural, asoleo y una gran terraza verde. La forma escalonada tiene mucho sentido en el contexto, por su encaje entre una gran avenida con transporte público y las vistas hacia el canal y el paisaje agrario colindante. BIG consigue con esta obra una buena sintonía entre la aproximación a la naturaleza y la expresión mecánica del garaje con sus pasillos acristalados y coloreados. Existe un equilibrio entre la complejidad de la propuesta y su gran capacidad comunicativa, expresada en la iconicidad de la montaña y la fachada translúcida del aparcamiento que reproduce gráficamente los Alpes y que remite a ideas positivas de salud, aire puro, bellas vistas y naturaleza libre. En definitiva, unas formas escalonadas inspiradas en la arquitectura moderna (de Henri Sauvage, Adolf Loos o Walter Gropius) permiten alcanzar una arquitectura bien relacionada con el entorno.

Tras su subida a la fama, BIG ha ganado concursos en Nueva York, donde ha creado una sede y ha levantado un rascacielos residencial retranqueado, inclinado y puntiagudo con forma de alveolos de ladrillo, el W57 Progresses (2014).

Zaha Hadid: tipologías para el futuro

También la eclosión de la obra de Zaha Hadid (1950-2016) es emblemática de este cambio de siglo. Los proyectos experimentales y polémicos de Zaha Hadid surgen de la tensión entre un universo abstracto, que ella imaginó en el inicio de su carrera y que ha desarrollado en diagramas y composiciones dinámicas, y su puesta a prueba en contacto con situaciones y realidades muy diversas.

Entre sus líneas de desarrollo destacaron, inicialmente, las formas puntiagudas y recortadas, empezando por el parque de bomberos para Vitra (Wiel am Rhein, 1990-1994, hoy museo de mobiliario) y culminando en el aparcamiento e intercambiador de Estrasburgo (1998-2001), una obra maestra de expresión de la energía de un lugar para intercambio de vehículos, construida de un hormigón armado que parece surgir de la tierra, que se asemeja a las placas geológicas y que se convierten en marquesinas y andenes.

Otra línea desarrollada es la que demuestra su voluntad de doblarse literalmente en el contexto, tal como sucede en la ampliación del museo Ordrupgaard (Vilvordevej, 2001-2005), con forma de pliegue.

Hadid ha desarrollado también una línea de propuestas dinámicas para esquinas, jugando con volúmenes y planos, que ya había imaginado en proyectos no realizados de edificios de oficinas y otros usos en Berlín (1986), Tokio (1987) y Hamburgo (1989), y que ha podido realizar en el Rosenthal Centre for Contemporary Art (Cincinatti, 1997-2003).

La línea que ha desarrollado más ampliamente es la de los grandes edificios con inmensas curvaturas y enormes voladizos, como el MAXXI, Museo Nazionale delle Arti del xxi Secolo (Roma, 1998-2009) o la biblioteca de la Wien Universität (Viena, 2013), con su icónico voladizo y con un exceso de grandes espacios interiores a modo de transatlántico. Hay, además, muchas variantes, como los rascacielos fluidos; los grandes pabellones orgánicos, como las piscinas cubiertas para los Juegos Olímpicos de Londres (2012); y los puentes habitables, como el de la Expo del Agua (Zaragoza, 2008).

Zaha Hadid, MAXXI, Museo Nazionale delle Arti del xxi Secolo, Roma, Italia, 1998-2009.

Diversas arquitecturas de la complejidad

El pensamiento postestructuralista y la nueva ciencia han aportado referentes conceptuales y geométricos para la arquitectura y el urbanismo contemporáneos, como los fractales, los pliegues y los rizomas. Uno de los arquitectos que más ha incorporado las nuevas geometrías de la complejidad ha sido Carlos Ferrater (1944) y su equipo OAB (Office of Architecture Barcelona). El nuevo Jardín Botánico de Barcelona (1989-1999, en colaboración con Bet Figueras y Josep Lluís Canosa) es una versátil aplicación de las geometrías fractales de Benoît Mandelbrot: una malla topográfica triangular, como la que había propuesto Antoni Gaudí en el Park Güell, organiza todos los elementos del jardín: itinerarios, plantas, plantaciones, iluminación y riego. El nuevo paseo marítimo de Benidorm (2003-2008) es una síntesis de pliegues y cintas que permiten renovar la fachada marítima y que aporta gran capacidad de articulación urbana y paisajística. En la ampliación del Parque de las Ciencias (Granada, 2004-2008), siguiendo el diagrama de su proyecto no realizado para el Musée des Confluences (Lyon, 2001), consigue un conjunto de espacios bien proporcionados, iluminados y construidos, afines a las actividades de exposición y aprendizaje.

Carlos Ferrater, Jardín Botánico de Barcelona, España, 1989-1999.

La obra de Daniel Libeskind (1946), quien llevaba años experimentando unas nuevas formas, recurriendo a unos espacios matemáticos y a una constelación de diagramas, llegó a su culminación en dos obras alemanas: la ampliación del Jüdisches Museum (Berlín, 1988-1999) y la Felix Nussbaum Haus (Osnabrück, 1998). Posteriormente su obra ha ido repitiendo similares formas violentadas y plegadas y se ha vuelto esencialmente comercial.

El equipo BUSarchitektur, fundado por Claudio J. Blazica (1956-2002) y por Laura Spinadel (1958), quien ahora lo lidera, ha destacado por dos obras muy emblemáticas de la Viena contemporánea. La Compact City (1995-2001), donde se acordó con diversos operadores públicos y privados resolver una manzana autónoma: sobre un zócalo dedicado a supermercados, almacenaje e instalaciones, se elevan distintos edificios de viviendas, oficinas, talleres y equipamientos, creándose una plaza interior elevada. El resultado es una ciudad por capas, un *collage* en sección que, sin embargo, tiene ciertas dificultades para relacionarse con el entorno urbano a causa de la insuficiente accesibilidad a los distintos niveles. En el plan general para la Wien Universität, donde también ha construido el espacio público y los edificios del auditorio, el comedor y los institutos (2008-2013), utilizan diagramas y superposición de capas, y tanto en el espacio abierto como en los edificios confluyen los diversos requerimientos de la arquitectura y el paisajismo. A través del

BUSarchitektur, auditorio, comedor e institutos de la Wien Universität, Viena, Austria, 2008-2013.

collage se intentan conseguir unas obras holísticas en las que estén presentes todos los aspectos, incluso los más invisibles de percepción, confort y salud.

En definitiva, hay una diversidad de experiencias en las que se han buscado formas versátiles, que acojan programas más dinámicos y complejos, y se adapten a la transformación de actividades y a la diversidad de contextos.

[1] Sobre el nuevo pragmatismo han escrito especialmente Robert Somol, Sara Whiting, Joan Ockman, Willian S. Saunders y John Rajchman. Véase: Montaner, Josep Maria, "La mutación pragmática de la crítica de arquitectura", *Palimpsesto*, núm. 8, Barcelona, 2013. También en *Cuadernos PROARQ*, núm. 20, Río de Janeiro, 2013.

[2] Somol, Robert y Whiting, Sarah, "Notas alrededor del efecto *doppler* y otros estados de ánimo de la modernidad", *Circo*, núm. 145, Madrid, 2008.

[3] Koolhaas, Rem, *Delirious New York: A Retroactive Manifesto for Manhattan*, Oxford University Press, Nueva York, 1978 (versión castellana: *Delirio de Nueva York: un manifiesto retroactivo para Manhattan*, Editorial Gustavo Gili, Barcelona, 2004).

[4] Véase: Tamargo, Leonardo, "Rem Koolhaas: del programa al espacio", *REIA*, núm. 2, Madrid, 2014.

[5] Véase: Deleuze, Gilles, *Le Pli: Leibniz et le baroque*, Éditions de Minuit, París, 1988 (versión castellana: *El pliegue. Leibniz y el Barroco*, Paidós, Barcelona, 1989).

[6] Van Toorn, Roemer, "Fresh Conversatism", *Quaderns d'Arquitectura i Urbanisme*, núm. 219, Barcelona, 1998.

[7] Las aportaciones de MVRDV eclosionaron a finales de la década de 1990 con una serie de libros y catálogos, como: MVRDV, *Metacity Data Town*, 010 Publishers, Róterdam, 1999; MVRDV, *Farmax. Excursions on Density*, 010 Publishers, Róterdam, 1998; y MVRDV / UW, *Skycar City. A Pre-Emptive History*, Actar, Barcelona, 2007.

DIAGRAMAS
DE ENERGÍA

Tal como se anunciaba a finales de la década de 1980 y principios de la de 1990, una de las líneas contemporáneas que ha pasado a ser más predominante ha sido la arquitectura de diagramas, teorizada hacia 1990 por Anthony Vidler y Robert Somol, entre otros, y realizada de modo diverso en las obras de estudios como Kazuyo Sejima, Zaha Hadid o Un Studio. Esta nueva eclosión de los diagramas de energía se produce tras la edad dorada de la crítica y la teoría de arquitectura de las décadas de 1960 y 1970, y recupera la línea experimental y vitalista del expresionismo alemán de Paul Sheerbart y Bruno Taut. Uno de los arquitectos más emblemáticos de este cambio ha sido Toyo Ito (1941), muy influido por el expresionismo alemán y con obras de síntesis como la mediateca en Sendai (1995-2001). En su obra es muy explícita esta conciencia de que la arquitectura es energía: luz natural y artificial, transparencia y translucidez, desplazamiento horizontal y vertical, climatización y salud.[1] Por su confluencia de tecnología estructural y climatizadora con integración en el entorno, y por la presencia de muchas referencias de la arquitectura contemporánea (las formas orgánicas de Antoni Gaudí, el espacio platónico de Mies van der Rohe, la estructura Dom-Inó de Le Corbusier, la diferenciación entre espacios servidores y servidos de Louis I. Kahn) esta mediateca se convirtió en uno de los hitos del cambio de siglo. Sin embargo, después de grandes aciertos, la obra de Toyo Ito se ha vuelto manierista de su propia lógica y forma, convertida en una marca dentro del panorama global, y con proyectos en muy distintos lugares que repiten el mismo vocabulario.

SANAA: teoría y práctica de los diagramas

La arquitectura diagramática de Kazuyo Sejima (1956), tal como la argumentó su maestro Toyo Ito,[2] se ha convertido en emblema de una arquitectura abstracta y fundacional. SANAA, estudio formado por Kazuyo Sejima y Ryue Nishizawa, tiende a tipologías contrapuestas en función de si es un edificio público o un conjunto residencial. Para los edificios públicos, como los museos, predominan grandes plantas libres dirigidas hacia un horizonte exterior o interior. En cambio, si se trata de viviendas, se definen en función de una lógica estricta de modulación. En ambos casos se genera una arquitectura isótropa o de adición, sin jerarquías interiores. Complementando este proceso diagramático y modular, siempre se trabaja y se proyecta sobre series de maquetas, buscando la conformación de espacios a través de transparencias, translucideces y reflejos, combinaciones de geometrías rectangulares y ameboides, con proporciones y visuales creadas a partir de una personal interpretación de la fenomenología. La obra de SANAA busca soluciones a partir de una vuelta a lo primitivo, partiendo paradójicamente de cero en la evolución cultural y arquitectónica.

SANAA ha realizado tres de los museos contemporáneos más representativos. El Museo de Arte Contemporáneo del Siglo XXI (Kanazawa, 1999-2004) se ubica en un parque a modo de gran pabellón transparente que invita a entrar y a atravesarlo.

SANAA (Kazuyo Sejima y Ryue Nishizawa), Museo de Arte Contemporáneo del Siglo XXI, Kanazawa, Japón, 1999-2004.

La inscripción de formas rectangulares y cuadradas —salas de exposición, sala de actos, patios, corredores y oficinas— dentro de una planta circular crea una gran riqueza espacial abierta a cuatro accesos, con circulaciones perimetrales y reticulares. En la nueva sede del New Museum (Nueva York, 2002-2009) predomina la lógica del apilamiento de volúmenes simples y ligeramente desplazados que combinan paramentos transparentes, translúcidos y opacos. La lógica de la sucursal del Museo del Louvre en Lens (2012) se basa en cinco pabellones yuxtapuestos de forma ligeramente curvada. Tres de ellos son opacos —la sala de exposiciones temporales, la galería para la colección permanente y el auditorio— y dos transparentes: el vestíbulo central y la galería de vidrio en un extremo. El revestimiento exterior refleja el entorno inmediato (proyectado por la paisajista Catherine Mosbach) y el interior dispone de una museografía muy blanca y transparente, liviana y pedagógica, creada por el equipo asociado de Celia Imrey y Tim Culbert, expertos en museos, que recuerda la de Lina Bo Bardi en el Museu de Arte de São Paulo (MASP).

Un hito de la arquitectura residencial de SANAA han sido las viviendas sociales de alquiler en Kitagata (Gifu, 1994-2000), que coincidieron en el tiempo con un estudio de Sejima sobre las diversas opciones morfológicas y tipológicas de viviendas metropolitanas por encargo de la Oficina Japonesa de Vivienda. De entre las cinco morfologías estudiadas en detalle, desarrolladas a partir de la combinación de módulos —baja altura con jardín, media altura en curva, media altura con gran patio central, gran altura en zigzag y gran altura con torres separadas—, para este proyecto Sejima puso en práctica la de gran altura en zigzag, con once plantas y en *redent*; en este estudio, la lógica tipológica y la de los diagramas coinciden. Esta operación urbana, promovida en 1994 por la prefectura de Gifu en el barrio popular de Kitagata y coordinada por el estudio de Arata Isozaki, fue realizada por cinco mujeres: el espacio público es diseño de Marta Schwartz y los cuatro bloques son de Elizabeth Diller, Akiko Takahashi, Christine Hawley y la propia Kazuyo Sejima. Las 107 viviendas de Sejima se basan en la suma de células individuales o módulos, una tercera parte de ellos dúplex, que se van añadiendo a partir de la forma libre en sección. Cada vivienda tiene cinco o seis módulos de 10 m² útiles, que pueden servir como habitación, cocina comedor o espacio plurifuncional. La mitad de las viviendas dispone de un espacio abierto en la entrada que atraviesa la crujía y que ha tenido un resultado desafortunado: en la mayoría de los casos se ha convertido en un trastero a la vista. De hecho, este proyecto de Sejima, muy fotogénico, publicado y mitificado, en realidad tiene poca vida, unas fachadas muy deterioradas y se adapta poco a la diversidad de la cotidianidad. El resultado es un diagrama construido directamente con la dureza, la simplicidad y el esquematismo de una maqueta y sin la necesaria intervención de los matices que aportan el oficio de la construcción y la previsión de los usos.

Curiosamente, de este conjunto la obra más conseguida es la de Christine Hawley (1949). Con una organización en altura comunicada por ascensores, escaleras y corredores, la mayoría de las viviendas, excepto las de personas de la tercera edad o con discapacidad, son dúplex, y se han conseguido combinaciones volumétricas muy atractivas. Con ventilación natural, una superficie de entre 55 y 85 m², las viviendas disfrutan de pasarelas, terrazas y balcones.

La quinta tipología propuesta por Sejima en ese estudio, las torres delgadas y exentas de gran altura —que se hace eco de las torres en parcelas muy pequeñas de las densas ciudades japonesas— se construyó a pequeña escala en la casa Moriyama (Tokio, 2002-2005) de Ryue Nishizawa, donde se demuestra tanto el conocimiento del espacio residencial como el énfasis en la búsqueda del módulo básico. La casa se atomiza en diez módulos autónomos, pero en realidad solo cuatro son utilizados por el propietario: la vivienda en tres niveles, la cocina, el baño y un pabellón de lectura; los restantes —tres viviendas de tres niveles y dos pabellones— son para alquilar. De esta manera hay muchas modalidades de uso y conviven varias personas y familias. Gran parte de la vida de la casa se produce al aire libre, en las callejuelas, jardines e intersticios creados entre los volúmenes, un espacio abierto lleno de plantas, flores, árboles, ropa tendida y mobiliario de jardín. Es como si se tratara del negativo de una casa con patios, como la Casa de fin de semana (1997-1998), del propio Nishizawa. En la casa Moriyama, los volúmenes están en el lugar de los patios, y los vacíos que actúan como patios son los espacios que quedan entre los once módulos.

Aunque esté en un contexto urbano suburbial, puede disfrutarse la vida en contacto con la naturaleza, en el espacio libre, lleno de luz y vegetación, con múltiples visuales.

Lo esencial de la obra de SANAA consiste en potenciar la actividad dentro de la geometría como marco, y la construcción siempre es secundaria y relativa, expresando cierta negación de la tectónica.

Junya Ishigami: arquitectura líquida para la acción

Junya Ishigami (1974), quien había trabajado con SANAA, construyó el pabellón de talleres del Instituto de Tecnología de Kanagawa (2004-2008) pensado para albergar actividades creativas entre los estudiantes y la comunidad local. A partir de la arquitectura diagramática y minimalista de SANAA y de las investigaciones de Toyo Ito, el objetivo de Ishigami consiste en avanzar en una arquitectura lo más ligera e inmaterial posible que diluya al máximo los límites y con forjados de cubierta lo más invisibles posible. Se trata de una arquitectura que potencia la creación de atmósferas en un espacio cambiante, evitando en los interiores cualquier compartimentación y condicionante para que resulten lo más flexibles posible.[3]

Ishigami considera que la misión de la arquitectura es potenciar la acción libre de las personas. Para ello elabora diagramas

Ryue Nishizawa, casa
Moriyama, Tokio, Japón,
2002-2005.

de flujo y movimientos, e intenta construir contenedores inspirados en fenómenos, como las nubes o el horizonte, que albergan el máximo número de posibilidades. Pretende que el mobiliario y la naturaleza tengan la misma importancia que el contenedor, la estructura o los perímetros acristalados, configurando una atmósfera vaporosa de sutiles divisiones interiores y límites difusos. Esta disolución de la forma pretende establecer una nueva relación entre lo natural y lo artificial, a base de reflejos y transparencias entre el vidrio y la vegetación interior y exterior.

Para el pabellón de Kanagawa, Ishigami trabajó previamente con centenares de maquetas virtuales para comprobar cómo afectaban los cambios en un pilar y para definir los catorce "claros" de actividad más importantes, de dimensiones variables. Esta máxima flexibilidad se consigue con 305 esbeltísimos pilares metálicos de diversas secciones rectangulares y de cinco metros de altura que se agrupan generando una especie de bosque artificial de bambú.[4] Se trata de una arquitectura de la acción que celebra las relaciones creativas, artesanales y de investigación entre las personas y la naturaleza, aunque también es cierto que el resultado construido es demasiado como un manifiesto, muy bello pero, a su vez, poco atento a los problemas de climatización y a cuestiones funcionales como las interferencias acústicas interiores.

Junya Ishigami, pabellón de talleres del Instituto de Tecnología de Kanagawa, Japón, 2004-2008.

Los ideogramas de RCR Arquitectes

En la obra de RCR, estudio compuesto por Rafael Aranda (1961), Carme Pigem (1962) y Ramon Vilalta (1960), la síntesis de abstracción e integración en el paisaje se expresa en el uso de unas acuarelas de intenciones. Todos sus proyectos van acompañados de unas pequeñas aguadas en las que se plasman las ideas del proyecto; una especie de diagramas o ideogramas que se realizan a lo largo del proceso. Estos diagramas encontraron su máxima sintonía en el Musée Soulages (Rodez, 2008-2014), obra en la que se produce una coincidencia entre la pintura gestual, abstracta y monocromática del pintor francés, hecha sobre gamas de grises y negros, y las acuarelas de los arquitectos, de modo que la secuencia de prismas en voladizo de acero cortén asoma sobre una plataforma que alberga simbióticamente las obras del pintor en el espacio de sus salas, con una iluminación cenital que llega de manera difusa e indirecta.

Todas las obras de RCR demuestran que la materia de la arquitectura es el espacio, tratado de una manera singular y secuencial, y relaciona el interior con el exterior. Esto se manifiesta también en los grandes vacíos, como el puente y la plaza cubierta del teatro La Lira (Ripoll, 2003-2011). Este énfasis en las cualidades del espacio les acerca a la tradición de la denominada "topofilia o búsqueda de la capacidad para crear espacios

RCR Arquitectes, Musée Soulages, Rodez, Francia, 2008-2014.

felices", teorizada por Gaston Bachelard, Yi Fu Tuan y Christopher Alexander.

La investigación de RCR tiende a la desmaterialización para conseguir la simbiosis con el entorno y la desaparición brumosa de los límites, tal como sucede en la marquesina del restaurante Les Cols (Olot, 2007-2011), que, suspendida por cables de acero, diluye los límites entre interior y exterior, y potencia la concatenación de los diversos ámbitos.[5]

En definitiva, cada obra de RCR evoluciona sintetizando las anteriores y dando un nuevo paso. Ello se consigue al disponer de un sistema para resolver la complejidad: una relación viva y renovada con el paisaje, la composición a base de secuencias espaciales, el énfasis en la función social, urbana y simbólica, espiritual, existencial y comunitaria; la visibilización del paso del tiempo en la pátina de los materiales y la presencia cíclica de la luz natural; la fuerte presencia de la estructura, los volúmenes y la materialidad; y la búsqueda de la ligereza, transparencia e inmaterialidad, en contraste con lo translúcido, lo telúrico y lo tectónico.

Un Studio: diagramas en cuatro dimensiones

La arquitectura de Ben van Berkel (1957) y Caroline Bos (1959) ha llevado el énfasis en los diagramas a las cuatro dimensiones,

RCR Arquitectes, marquesina del restaurante Les Cols, Olot (Girona), 2007-2011.

introduciendo el volumen y el tiempo. Los diagramas volumétricos y dinámicos de Un Studio tienden a ser como burbujas de resina que se intersectan, conectan y transforman, manteniendo sus formas líquidas y amorfas en el resultado final. Sin embargo, al partir de unos diagramas pensados en sí mismos y autónomos, generalmente las obras están ajenas a su entorno, solo pensadas desde sus flujos interiores. En sus lógicas estructurales interiores, como los pilares dinámicos que sostienen la estructura, se manifiesta la influencia de Santiago Calatrava, con quien trabajó Ben van Berkel.

Un Studio ha propuesto una larga serie de proyectos, los últimos a gran escala. En el Mercedes-Benz Museum (Stuttgart, 2001), una de sus obras más monumentales y emblemáticas, emerge un gran volumen orgánico sobre una gran plataforma de acceso. En este edificio masa, el movimiento interno de las rampas, como hojas que se enroscan alrededor de un núcleo vertical, define la forma global de la pieza emergente sobre esta nueva base que actúa como topografía.[6] Y si el plan director para la estación central de Arnheim (1996-2010) se planteó como un conjunto predominantemente horizontal, de grandes burbujas interconectadas y definidas por los flujos previsibles, la torre Ardmore (Singapur, 2013) se eleva como una orgánica columna vertical hecha de huecos y pliegues.

Un Studio, Mercedes-Benz Museum, Stuttgart, Alemania, 2001.

Un Studio plantea una arquitectura y un urbanismo estratégicos y dinámicos, no estáticos ni de objetos autónomos, que parten de cierto análisis de las "condiciones de campo". La arquitectura ya no es forma definitiva, sino sistemas de organización en los que el tiempo es un factor presente y determinante. Un Studio pretende hallar una síntesis con efectos sociales que fusione la ética de los diagramas, entendidos como flujos internos de actividades, con la vertiente formalista de los diagramas y sus aspiraciones estéticas.

Evolución de los diagramas

Por su carácter dual —concepto y práctica, herramienta de análisis e instrumento de proyecto—, los diagramas se han convertido en emblemas del cambio de siglo. Se han usado con la voluntad de relevar y superar el concepto de tipología de la década de 1970, y en la actualidad han pasado a ser el concepto estructurador de la relación entre la teoría y la práctica de la arquitectura.

Su versatilidad ha jugado a su favor, pero sus tentaciones conceptuales, abstractas y simplificadoras pueden conducir a procesos y resultados forzados. Las experiencias en el uso intensivo de los diagramas a partir de este cambio de siglo nos tienen que permitir ya una recapitulación y una valoración. Más allá de su capacidad de seducción, de la promesa de una piedra filosofal para afrontar la complejidad y el agenciamiento de la arquitectura contemporánea, podemos valorar tanto su versatilidad y su capacidad de transmitir ideas, actividades, intenciones y complejidades como sus riesgos de caer en el formalismo y la arbitrariedad.

Estos últimos años demuestran los logros de los diagramas, paralelos a las posibilidades de la representación digital y el dibujo paramétrico, pero también permiten constatar sus limitaciones al comprobar que, en realidad, su uso es menor y más complementario de lo que parece. Los equipos holandeses que han tomado los diagramas como emblema de trabajo (como Rem Koolhaas, MVRDV o Un Studio) utilizan los diagramas parcialmente, más de cara a las publicaciones que para el completo proceso de proyecto, pues, en realidad, en el proceso real entran muchos otros recursos.[7]

[1] Este énfasis en la transparencia, translucidez y ligereza durante la década de 1990 tuvo su reflejo en la exposición y libro de Terence Riley, *Light Construction*, The Museum of Modern Art, Nueva York, 1995 (versión castellana: *Light Construction*, Editorial Gustavo Gili, Barcelona, 1996). También en el libro de Hans Ibelings, *Supermodernism: Architecture in the Age of Globalization*, NAi, Róterdam, 1998 (versión castellana: *Supermodernismo. Arquitectura en la era de la globalización*, Editorial Gustavo Gili, Barcelona, 1998).

[2] Ito, Toyo, "Arquitectura diagrama", *El Croquis*, núm. 77 (*Kazuyo Sejima 1988-1996*), Madrid, 1996.

[3] Véase: AA VV, *Eastern Promises. Contemporary Architecture and Spatial Practrices in East Asia*, MAK/Hatje Cantz, Viena, 2013.

[4] Véase: Ishigami, Junya, *Another Scale of Architecture*, Toyota Municipal Museum of Art, Kioto, 2010.

[5] Véase: Montaner, Josep Maria, "Universo RCR", *El Croquis*, núm. 162, Madrid, 2012.

[6] Véase: UN Studio/HG Merz, *Buy Me a Mercedes-Benz. The Book of the Museum*, Actar, Barcelona, 2006.

[7] Sobre los diagramas contemporáneos en arquitectura véanse: Montaner, Josep Maria, *Del diagrama a las experiencias, hacia una arquitectura de la acción*, Editorial Gustavo Gili, Barcelona, 2014; y Bertola Duarte, Rovenir, *El diagrama arquitectónico después de Deleuze: estudio de casos holandeses*, tesis doctoral inédita (ETSAB, Barcelona, 2015).

DE LA CRÍTICA RADICAL A LOS COLECTIVOS: ARQUITECTURAS DE LA INFORMALIDAD

Este período de cambio de siglo se caracteriza por la aparición de gran cantidad de alternativas en el campo de la arquitectura y del urbanismo, basadas en la aproximación al urbanismo informal, la recuperación de la cultura popular, la participación de los usuarios y la continuidad con la crítica radical de la década de 1960. Ello se ha expresado en la teoría y en las publicaciones, y es el resultado de la influencia, durante años, de experiencias de renovación pedagógica de la enseñanza de la arquitectura.

La búsqueda de nuevos modos de enseñanza de la arquitectura

En la renovación de la arquitectura actual han tenido gran transcendencia escuelas y ciudades como la Architectural Association (AA) de Londres, que han promovido la experimentación más abierta. Por la AA han pasado Zaha Hadid, Rem Koolhaas, Bernard Tschumi, Nigel Coates y otros, especialmente mientras la dirigió Alvin Boyarsky (1971-1990). También la Cooper Union de Nueva York, bajo la dirección de John Hejduk (1975-2000), potenció la existencia de equipos, como el ya citado de Diller Scofidio, o el de Laurie Hawkinson (1952) y Henry Smith-Miller (1942), con obras destacables como el North Carolina Art Museum (Raleigh, 1996).

Estas corrientes vanguardistas estadounidenses se expresan también en los proyectos del estudio de Sulan Kolatan y Bill McDonald, quienes experimentan nuevas formas arquitectónicas digitales, o Neil Denari, en California.

Una de las más importantes novedades de estas décadas del cambio de siglo en el campo de las escuelas de vanguardia fue la fundación, en 1993, de Rural Studio dentro de la Auburn University (Alabama), por Samuel Mockbee (1944-2001) en colaboración con Dennis K. Ruth. Los ejercicios que se realizan en la escuela están pensados para la zona rural, pobre y pantanosa del Misisipi, y culminan en viviendas o equipamientos para los habitantes con pocos recursos de la zona: casas, centros comunitarios, iglesias, conjuntos deportivos, almacenes, etc. Los estudiantes se forman en el conocimiento de la realidad social y experimentan con la plasticidad de todo tipo de elementos y materiales reciclados y ensamblados: moquetas, ventanas, llantas de coches, traviesas de ferrocarril, adobe, cartón corrugado, chapa galvanizada o madera. La escuela y sus intervenciones se distribuyen dentro del área suburbana, dispersa y desestructurada del condado de Hale: en Newbern está ubicada la escuela, instalada en unos grandes cobertizos donde los estudiantes y profesores viven en pabellones construidos por ellos mismos y se reúnen en el gran Hall (2002-2003); en Sawyerville se construyó una capilla; en Greensborough está el centro infantil Hero y el café del conocimiento Hero (2001-2002); y en Akron, el pabellón del club de chicas y chicos (1999) y el centro para la tercera edad (2001-2002). Tras el fallecimiento de Samuel Mockbee en 2001, la experiencia del Rural Studio ha continuado, entrando en una nueva etapa con un equipo dirigido por Andrew Freear.

Las aportaciones pedagógicas chilenas, renovadoras desde un punto de vista poético y social, empezando por la ya clásica Escuela de Valparaíso y su Ciudad Abierta, llegan a las actuales experiencias de Talca y la región del Bío Bío.[1] La Escuela de Arquitectura de Talca, fundada por Juan Román en 1999, promueve una arquitectura en diálogo con el paisaje, desde una condición rural y con voluntad de servicio a las comunidades.

Además de estas escuelas experimentales, de pequeño y medio tamaño, también en las más históricas y de gran tamaño tienen cabida estas experiencias de cooperación y diseño participativo, como la enseñanza sobre las cooperativas de vivienda en la Facultad de Arquitectura de Montevideo, los diversos talleres de proyectos de vivienda social en la Facultad de Arquitectura de la Universidad de Buenos Aires, donde se colabora con comunidades vulnerables; y los cursos de proyectos de rehabilitación, arquitectura sostenible y cooperación en escuelas de arquitectura españolas como Barcelona, Vallès, Madrid, Sevilla y Canarias.[2]

Arquitectura y artisticidad

Dentro de este campo de las praxis alternativas, existe un capítulo muy amplio de todas aquellas experiencias en las que, más allá del espacio del museo, arte y arquitectura van de la mano para realizar obras en el espacio público, remodelar barrios y edificios o promover obras de carácter social; es decir, arquitecturas hechas en estrecha colaboración entre arquitectos y artistas.

Además de poeta y artista, Vito Acconci (1940) ejerce como arquitecto y diseñador, y ha realizado obras como la galería de arquitectura Storefront (Nueva York, 1992-1993, en colaboración con Steven Holl), la Murinsel (Graz, 2003), de forma ligera, orgánica y luminosa, construida con una malla tubular de acero y vidrio; y diseños como el paraguas de forma orgánica Umbruffla, como si se tratara de una crisálida.

Con formación en bellas artes y en arquitectura, la argentina Diana Cabeza (1954) propone una singular síntesis entre arte y arquitectura en el diseño de mobiliario urbano. Sus piezas están esparcidas por espacios públicos y equipamientos de todo el mundo, con diversas intervenciones en Tokio, como sus bancos topográficos y las pérgolas en la plaza del edificio Mori en las colinas Roppongi (2013). En la medida que sus diseños, como los bancos Encuentros o Topográfico, se basan en la observación etnológica de los usos y las costumbres, movimientos y posiciones de las personas para quienes proyecta, sus obras parten de los sentidos, la ergonomía y las cualidades de los materiales, y se convierten en una especie de vestidos, pieles o crisálidas que, suavemente, envuelven el cuerpo humano. Sus propuestas parecen moldeadas por la mano de una escultora; unas esculturas habitables que se convierten en mobiliario espacio que enriquece el entorno.[3]

El polifacético y singular artista conceptual chino Ai Weiwei (1957) ha realizado todo tipo de acciones e instalaciones, y entre sus obras predomina la voluntad de registrar la destrucción de los tejidos históricos y de la memoria de su país. Además, en 1999 creó en Pekín su estudio Fake Design, dedicado a arquitectura, paisajismo y diseño interior, y ha realizado proyectos, como su propio estudio (Pekín, 1999), una especie de reinterpretación de la racional y minimalista casa de Ludwig Wittgenstein para su hermana. Su intervención más famosa y controvertida es la colaboración con Herzog & de Meuron en el estadio

Diana Cabeza, plaza del edificio Mori en las colinas Roppongi, Japón, 2013.

nacional de los Juegos Olímpicos de Pekín (2008), el denominado "nido", para cuya construcción fue necesario desplazar a 350.000 habitantes que vivían en la zona. Ai Weiwei y Fake Design han hecho piezas de espacio público como el paseo en la ribera sur del río Yiwn (Jinhue, 2002), y en 2011 construyó el gran estudio Malu en Shanghái, una sala de exposiciones y almacén para todo su material, que el Gobierno chino derribó.

Olafur Eliasson (1967) trabaja sobre la percepción sensorial de la luz y alcanzó renombre internacional con su instalación *The Weather Project*, un gran sol invernal colocado en la sala de turbinas de la Tate Modern (Londres, 2003). Eliasson encabeza un gran equipo en el que también intervinieron arquitectos; y además de sus singulares instalaciones en museos de arte, entre otras obras ha proyectado el nuevo auditorio Harpa (Reikiavik, 2011, en colaboración con Henning Larsen).

El monumento a la abolición de la esclavitud (Nantes, 1998-2012) es el resultado de la colaboración entre el artista Krzysztof Wodiczko y el arquitecto Julian Bonder,[4] un espacio subterráneo, metáfora de las bodegas de los barcos esclavistas y del hacinamiento de los seres humanos en las grandes factorías, donde se explica la historia de la esclavitud y se aportan los datos de los millones de hombres y mujeres erradicados de África hacia

Krzysztof Wodiczko y Julian Bonder, monumento a la abolición de la esclavitud, Nantes, Francia, 1998-2012.

Europa (Inglaterra y Francia), el sur de Estados Unidos, las islas del Caribe y los puertos de Brasil.

Arquitecturas para prever y mejorar el urbanismo informal

Otra transformación transcendental del cambio de siglo ha sido la inclusión definitiva de la arquitectura y el urbanismo informal dentro de la teoría y la práctica de la arquitectura. Libros, revistas y escuelas de arquitectura han incorporado la informalidad y los barrios marginales en sus contenidos y proyectos.[5]

Dentro de las propuestas de vivienda crecedera para unos barrios populares dignos destaca la iniciativa del concurso internacional Elemental Chile, promovida en 2003 por los arquitectos Alejandro Aravena y Pablo Allard y el ingeniero Andrés Iacobelli. Inspirándose en el concurso PREVI en Lima de finales de la década de 1960, Elemental Chile puso en sintonía los distintos poderes que intervienen en la realización de operaciones de vivienda social, proponiendo conjuntos de un centenar de viviendas evolutivas en parcelas de tamaño medio dentro de tejidos urbanos. Al tiempo que se organizaba el concurso, el equipo de Aravena realizó un proyecto piloto de 93 viviendas en la Quinta Monroy (Iquique, 2003-2004) que los

Elemental, Quinta Monroy, Iquique, Chile, 2003-2004.

vecinos han hecho crecer en vertical y en horizontal, tal como estaba previsto. De las sietes propuestas del concurso, y en un arduo trabajo de ajuste a lugares concretos atendiendo a las condiciones políticas y productivas, y mediante talleres participativos con los futuros habitantes, se llegaron a realizar cuatro: Renca y Temuco, de 2008, y Antofagasta y Valparaíso, de 2009; las otras tres fracasaron.

Jorge Mario Jáuregui (1948) ha destacado por sus intervenciones en las favelas de Río de Janeiro, para lo que ha elaborado un método propio de síntesis para realizar los proyectos en una veintena de ellas. Tras los esquemas de lectura de la estructura del lugar y los procesos participativos, los proyectos tienen en cuenta todos los factores que influyen en las intervenciones: infraestructurales, sociológicos, ecológicos, urbanísticos, arquitectónicos, legales, filosóficos y psicológicos. El proceso que se sigue en cada proyecto es esencialmente estratégico, define puntos focales —viviendas de realojo, guarderías, lavanderías, campos de deporte o plazas— y líneas de intervención: escaleras, infraestructuras, muros de contención o canalizaciones de agua.[6]

Herederos de Cedric Price en Latinoamérica
El colombiano Giancarlo Mazzanti (1963) proyecta escuelas, bibliotecas o estadios deportivos para los que utiliza sistemas

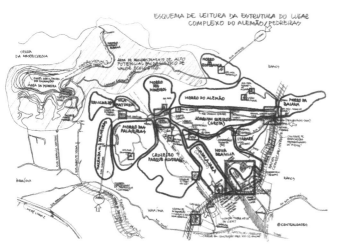

Jorge Mario Jáuregui, diagrama de intervención en la favela do Alemão, Río de Janeiro, Brasil, 2002.

arquitectónicos combinables, parte de una serie de diagramas y recurre a patrones de asociación y crecimiento. En la medida que Mazzanti busca una arquitectura que potencie las acciones y las apropiaciones de las personas, una arquitectura activa, performativa, llena de energía y estímulos, uno de sus referentes es Cedric Price y su concepción de una arquitectura para la transformación. Un ejemplo de lo que argumenta es la cubierta de módulos espaciales hexagonales que crea una plaza de actividades deportivas en el barrio marginal de Altos de Cazucá (Bogotá, 2010-2011). La cubierta es una especie de nube que potencia las actividades y la interacción, y que se convierte en un signo de referencia y esperanza en este territorio pobre e informal. La arquitectura no es un objeto, sino un sistema integrado en el contexto, y cada proyecto solo se entiende habitado y lleno de gente.[7]

Fundado en 1996 en Caracas por Alejandro Haiek y Eleanna Cadalso, el LAB.PRO.FAB experimenta con el ensamblado de componentes y el uso de contenedores transformables con intención de diluir las fronteras entre el arte, el diseño, la tecnología y la arquitectura. LAB.PRO.FAB crea sistemas de combinación de elementos y artefactos existentes dentro de una lógica en la que territorio artificial, objetos y seres humanos pueden sumar sinergias. Entre sus obras se encuentra el parque cultural Tiuna (El Fuerte, 2005), en el que se han instalado

Giancarlo Mazzanti, instalaciones deportivas en el barrio de los Altos de Cazucá, Bogotá, Colombia, 2010-2011.

contenedores reciclados y elementos reutilizados de diseño industrial, como grandes ventanales circulares, aprovechando materiales de embalaje para hacer plafones acústicos y lonas de publicidad para montar pantallas. Los contenedores se han convertido en salas multiusos para el arte, la música y la comunicación. La obra de Haiek y Cadalso se hace eco de la arquitectura pensada para la acción creativa de Cedric Price y de la lógica de los componentes prefabricados de Jean Prouvé; un diseño y una arquitectura de sistemas modulares reciclados y ensamblados en un mundo de artefactos existentes y en proceso de obsolescencia.[8]

Arquitecturas colectivas

Uno de los fenómenos que caracteriza el inicio del siglo XXI, potenciado por las crisis y las transformaciones, es la eclosión de numerosos colectivos jóvenes que, cuestionando la práctica profesional jerárquica convencional, buscan nuevas praxis, métodos, procesos y encargos.[9]

Estos colectivos de arquitectos que se han extendido en las capitales más creativas y con más masa crítica (São Paulo, Caracas, Ciudad de México, Sevilla, Madrid, Barcelona, París, etc.) se caracterizan por dos hechos destacados: la disolución del autor dentro del trabajo en equipo —equipos en los que los técnicos y profesionales no solo son arquitectos— y la búsqueda de distintas

LAB.PRO.LAB, parque cultural Tiuna, El Fuerte, Caracas, Venezuela, 2005.

formas de hacer arquitectura más allá de la praxis tradicional del proyecto y la construcción: activismo social, arquitecturas temporales, exposiciones, instalaciones, acciones, cine experimental y documental, webs y blogs.

Un ejemplo emblemático de activismo es el sevillano Santiago Cirugeda (1972), quien empezó construyendo añadidos con andamios en cubiertas y voladizos, y consiguió que solares sin construir se convirtieran temporalmente en parques infantiles, reciclando materiales. Cirugeda ha inventado sistemas alternativos, ha sacado partido de la infrautilización de los espacios y ha aprovechado los resquicios y fisuras de la legislación urbana: células de vivienda mínima fácilmente montables y desmontables, prótesis en edificios existentes e individualizaciones de viviendas, okupaciones de todo tipo en azoteas —como las llamadas "sábanas rígidas"— o en solares abandonados, convirtiéndolos en lugares para la colectividad. En los últimos años el grupo que Cirugeda ha promovido, Recetas Urbanas, ha intensificado sus obras sociales y autoconstruidas en escuelas y barrios, como el reciclaje de elementos procedentes de una serie de exposiciones para crear huertos, pórticos y anexos en el colegio público Baldomer Solà (Badalona, 2014-2015).[10]

Los colectivos españoles se organizan en la red Arquitecturas Colectivas, en la que destacan grupos como el barcelonés LaCol, formado por casi veinte arquitectos jóvenes que han

Santiago Cirugeda y Recetas Urbanas, escuela Tretzevents, La Floresta (Barcelona), España, 2013.

centrado su actividad más reconocida en la antigua fábrica Can Batlló. Otro ejemplo emblemático es Ecosistema Urbano, de Madrid, liderado por Belinda Tato y José Luis Vallejo, autores del Ecobulevar de Vallecas (Madrid, 2004-2007), compuesto por tres cilindros habitables que sirven de protección y de lugar para fomentar encuentros y actividades que hacen las veces de árboles artificiales provisionales, mientras crecen los árboles naturales de la avenida, consumiendo solo la energía que ellos mismos producen mediante paneles fotovoltaicos.

Vivienda con participación

El conjunto de viviendas Sargfabrik (Viena, 1992-1996) es un buen ejemplo de síntesis, al ser en parte una rehabilitación muy bien insertada en el tejido urbano de Viena, y el resultado de la iniciativa de una cooperativa de viviendas. La operación fue proyectada por el estudio BKK-3, formado por Johnny Winter (1949-2012) y Franz Sumnitsch (1961), para la cooperativa Sargfabrik. Posteriormente se ha desdoblado en una réplica cercana, la Miss Sargfabrik (1998), con formas y divisiones interiores geométricamente más complejas.

La propuesta de Sargfabrik parte de la rehabilitación de una antigua fábrica de ataúdes mediante una gestión cooperativa y sostenible. El ahorro conseguido al rehabilitar un edificio existente se invierte en ahorro energético, en la potenciación de

BKK-3, conjunto de viviendas Sargfabrik, Viena, Austria, 1992-1996.

espacios comunitarios y en la abundancia de jardines. La intervención se basa en proyectar viviendas muy diversas para personas amantes de la cultura, el arte y la música. Se potencian jardines y huertos a nivel del suelo y en las cubiertas, y se ocupa el interior de la manzana. De esta manera, el nivel de equipamientos y servicios compartidos es muy alto, con diversidad de espacios comunitarios, como una piscina. Aunque la volumetría sea muy compleja, para facilitar el contacto con el tejido urbano existente, un trabajo previo de modulación ha hecho posible ordenar toda la heterogeneidad del conjunto.[11]

[1] Sobre la Escuela de Valparaíso, véanse: Montaner, Josep Maria, *Sistemas arquitectónicos contemporáneos*, Editorial Gustavo Gili, Barcelona, 2008; y *Arquitectura y crítica en Latinoamérica*, Nobuko, Buenos Aires, 2011.

[2] Véanse: Montaner, Josep Maria y Muxí, Zaida, "Renovación de los métodos pedagógicos de la arquitectura", *La Vanguardia*, Barcelona, 9 de abril de 2014; Muxí, Zaida (ed.), *Postsuburbia. Rehabilitación de urbanizaciones residenciales monofuncionales de baja densidad*, Comanegra, Barcelona, 2013.

[3] Véase: Montaner, Josep Maria y Muxí, Zaida, "Diana Cabeza, la arquitectura como microcosmos de mobiliario", *La Vanguardia*, Barcelona, 17 de noviembre de 2014.

[4] Véanse: Chérel, Emmanuelle, *Le Mémorial de l'abolition de l'esclavage de Nantes. Enjeux et controverses (1998-2012)*, Presses Universitaires de Rennes, Rennes, 2012; y Montaner, Josep Maria y Muxí, Zaida, "La memoria de Nantes", *La Vanguardia*, Barcelona, 17 de julio de 2013.

[5] Véase: *Summa +*, núm. 130 (*Domesticidad, monumentalidad, informalismo*), Buenos Aires, julio de 2013.

[6] Véanse: Jáuregui, Jorge Mario, *Estrategias de articulación urbana, proyecto y gestión de asentamientos periféricos en América Latina. Un enfoque transdisciplinario*, Facultad de Arquitectura, Diseño y Urbanismo, Buenos Aires, 2003; y Machado, Rodolfo (ed.), *The Favela-Bairro Project. Jorge Mario Jáuregui Architects*, Harvard University Graduate School of Design, Cambridge (Mass.), 2003.

[7] Véase: Montaner, Josep Maria, *Del diagrama a las experiencias, hacia una arquitectura de la acción*. Editorial Gustavo Gili, Barcelona, 2014.

[8] Véase: liga-df.com/liga/esp/ligaa-16 (acceso junio de 2015).

[9] Véanse: Baraona, Ethel, "Arquitectura y activismo", *Arquine*, núm. 58, Ciudad de México, invierno de 2011; Montaner, Josep Maria y Muxí, Zaida, "Arquitecturas colectivas: redes y activismo", *La Vanguardia*, Barcelona, 18 de junio de 2014.

[10] Véase: Cirugeda, Santiago, *Situaciones urbanas*, Tenov, Barcelona, 2007; AA VV, *Arquitecturas colectivas: camiones, contenedores, colectivos*, Vibok, Sevilla, 2010; Montaner, Josep Maria y Muxí, Zaida, "Santiago Cirugeda, Recetas Urbanas: el impulso de las Arquitecturas Colectivas", *La Vanguardia*, Barcelona, 16 de mayo de 2015.

[11] Véase: *2G*, núm. 36 (*BKK-3*), Barcelona, 2000.

ARQUITECTURAS
MEDIOAMBIENTALES

Tras los experimentos pioneros de mediados del siglo XX, en las últimas décadas se han sucedido distintas generaciones de arquitecturas ecológicas y sostenibles, desde los primeros prototipos experimentales, y a veces pintorescos, de la década de 1970, hasta los ecobarrios contemporáneos, pasando por propuestas de arquitectura ecológica y tecnológica, denominada *ecotech*, de la década de 1990. Este complejo proceso de arquitecturas estrechamente relacionadas con el medio ambiente, bioclimáticas y holísticas, se ha desarrollado en muy distintas direcciones.[1]

Hoy podríamos decir que, a grandes rasgos, y más allá de la ligereza y la buena relación con el medio de los primeros ejemplos emblemáticos, la arquitectura moderna acabó en la década de 1960 potenciando una cultura del consumo, unos edificios con climatización artificial, unas formas demasiado definidas y un vocabulario abstracto, restringido y simplificado en contradicción con los que, posteriormente, han sido los criterios de una arquitectura versátil y resiliente, acorde con el medio ambiente y que se ha tenido que replantear para ser sostenible.

Arquitecturas bioclimáticas, ecológicas, sostenibles y holísticas

Conviene antes precisar ciertos conceptos afines que se utilizan para caracterizar la arquitectura bien relacionada con el medio ambiente. Podríamos decir que la arquitectura bioclimática es aquella que, tradicionalmente, se ha construido con materiales del lugar y se ha integrado en el entorno, siguiendo la inspiración en la arquitectura popular. Pueden entenderse como arquitectura y urbanismo ecológicos aquellos proyectos y realizaciones que van en la dirección del reequilibrio ecológico, en el sentido de la ciencia de la ecología, fundada por los científicos Ernst Haeckel y Charles Darwin en el siglo XIX, que tiene en cuenta los ecosistemas: los ecotopos y los conjuntos de seres vivos o biocenosis.[2] El concepto de sostenibilidad es bastante reciente y fue definido en 1987 por la Comisión Brundtland o Comisión Mundial del Medio Ambiente y del Desarrollo en el informe *Nuestro futuro común*,[3] donde se definía el desarrollo sostenible como aquel que "cubre las necesidades de la generación presente sin comprometer la capacidad de que las generaciones futuras puedan cubrir las suyas". Su objetivo es la mejora de la calidad de la vida humana, un modo de vida responsable dentro de la capacidad de los ecosistemas que soportan la vida. Para conseguirlo, la Cumbre de la Tierra de Río de Janeiro (1992) conceptualizó los indicadores de sostenibilidad y propuso las Agendas 21, al tiempo que los investigadores Mathis Wackernagel y William Rees establecieron en 1995 los criterios para medir la "huella ecológica". Lo holístico, definido por el político, militar, naturista y filósofo sudafricano Jan C. Smuts (1870-1950) en su libro *Holism and Evolution*,[4] se refiere a una concepción que busca la integración de todos los factores ecológicos, físicos, emocionales y mentales, incluso los no visibles, como la salud, la libertad, los sentimientos o la felicidad.

Frente a la pretendida unidad del lenguaje moderno, la arquitectura ecológica no se define por unas formas y materiales concretos y tiende a soluciones múltiples, especialmente por su relación con las características y materiales del contexto. Dentro de las aportaciones con relación al medio ambiente hay posiciones muy diversas, desde la que utiliza los medios tecnológicos más avanzados, como Thomas Herzog, hasta la arquitectura bioclimática y local de Anna Heringer en Bangladesh, pasando por la obra experimental y filantrópica de Shigeru Ban o los sistemas de componentes ligeros de Duncan Lewis.

Shigeru Ban: tecnología socializada

Desde el inicio de su carrera, Shigeru Ban (1957) ha investigado los nuevos materiales reciclados, como los pilares de cartón, y sobre espacios flexibles y llenos de luz y aire. En 1995 creó una ONG dedicada a la construcción de viviendas de emergencia para afrontar la falta de ayudas a los damnificados por el terremoto de Kobe. Con Voluntary Architects Network (VAN) ha colaborado con la ONU en programas de ayuda a refugiados y ha construido viviendas de emergencia tras el genocidio en Ruanda (1995-1996), y después de los terremotos de Turquía (1999-2000), India (2001) y Sri Lanka (2005).

El inicio de la actividad filantrópica de Shigeru Ban fue una respuesta a la falta de políticas sociales en Japón para paliar los efectos del terremoto y una aplicación social de su invento de pilares de papel reciclado de grosor y diámetro variables (PTS: Paper Tube Series). Sus casas de emergencia en Kobe, de 16 m^2 y dos mil dólares de coste, tienen cimientos de cajas de cerveza de plástico llenas de arena, paredes de tubo de papel y el falso techo y el tejado de lona. También en 1995, 160 voluntarios construyeron la iglesia católica de Kobe con tubos de papel y

Shigeru Ban, cabaña de papel, Nagata (Hyogo), Japón, 1995.

paneles de policarbonato con apoyo de la ONU y Vitra, y se convirtió en un símbolo de reconstrucción que ha trascendido su carácter efímero. La iglesia de papel es una metáfora de la naturaleza, un bosque brumoso atravesado por los rayos de luz y una manifestación de solidaridad.

Continuando con la voluntad activista y de cooperación, Shigeru Ban y la ONG VAN han proyectado escuelas para ser construidas por los mismos usuarios en zonas afectadas por el terremoto de Sichuan (2008) y proyectado viviendas de emergencia para los afectados por el terremoto y el *tsunami* de Fukushima (2011), realizando dos propuestas: 1.200 sistemas de pantallas ligeras de tubo de papel que se instalan en polideportivos habilitados como albergues, y habitáculos a partir del apilamiento de contenedores de barco en tres niveles, dejando espacios de reserva entre ellos y potenciando una nueva comunidad temporal para 188 familias en Onagawa.

Entre sus numerosas obra destacan la catedral provisional de tubos de papel, madera, metacrilato y contenedores para sustituir a la catedral anglicana en Christchurch, Nueva Zelanda, destruida por el terremoto de 2011 e inaugurada en 2013 como un edificio permanente; y el edificio de oficinas de cinco plantas para Tamedia (Zúrich, 2014), todo él de madera y libre de emisiones de CO_2.

Duncan Lewis, escuela en Obernai, Francia, 2005.

Arquitectos por el medio ambiente

Thomas Herzog (1941) realiza desde la década de 1970 obras basadas en los avances tecnológicos. Con estructuras ligeras, iluminación natural, sistemas de ventilación cruzada, pieles y cubiertas con paneles fotovoltaicos, sus edificios consiguen producir y ahorrar energía. Además de sus proyectos en Alemania y China, una parte importante de su obra, en la que predominan cubiertas inclinadas y fachadas acristaladas, es el ecobarrio Solarcity (Linz, 1995-2004).

Duncan Lewis (1960) ha trabajado sobre la relación de la arquitectura con la naturaleza y destaca por su escuela en Obernai (2005, en colaboración con Klein & Baumann), en forma de invernadero elevado del suelo, con fachadas y techos verdes; y las viviendas en Mulhouse (2003-2004, junto con el estudio Block). Las casas de Duncan Lewis destacan por los núcleos centrales realizados con estructura ligera y rodeados de vegetación que pueden transformarse hasta que el proyecto desaparece rodeado por las ampliaciones de los usuarios y la vegetación que ha ido creciendo.

En el terreno del activismo radical y ecológico sobresale Sarah Wigglesworth (1957), cuya obra arquitectónica, como su casa estudio de balas de paja (Islington, 2001), está construido a base de fragmentos, donde predominan la madera, la piedra y los materiales reciclados. La obra se basa en los principios de

Diébédo Francis Kéré, ampliación de escuela en Gando, Burkina Faso, 1999-2001.

la diversidad y la inclusión, el reciclaje, el montaje y la evolución en el tiempo, con la intención de que todos los materiales empleados sean baratos y accesibles, naturales y sanos, elegidos desde el punto de vista de la sostenibilidad. La casa tiene una torre para potenciar la ventilación natural y una fachada de sacos de cemento para aislar acústicamente. Su socio Jeremy Till (1957), arquitecto, profesor y teórico, es reconocido por sus provocadores textos y conferencias, radicalmente críticos con el consumismo y las convenciones. En su libro *Architecture Depends*[5] argumenta en contra de la pretendida autonomía de la arquitectura, demostrando la esencial dependencia de la arquitectura en relación con el programa, el contexto, la sociedad y el paso del tiempo.

Entre los arquitectos que destacan en el actual panorama poscolonial se encuentra Diébédo Francis Kéré (1965), cuya obra, de fuerte vocación social, plantea mediar entre lo tecnológico y lo vernáculo. Construida con materiales locales (barro, ladrillo y madera), incorporando la técnica de estructuras metálicas ligeras más modernas, tiene en cuenta las condiciones climáticas, la ventilación e iluminación natural, y se construye con la colaboración de sus habitantes, formando así a artesanos locales. Kéré se formó en Alemania y volvió a Burkina Faso en 2000, donde promovió y construyó una escuela en su aldea natal, Gando, que fue reconocida con los premios Aga Khan

Anna Heringer, escuela METI, Rudrapur, India, 2005-2006.

y Holcim. El éxito de esta obra le ha llevado a ir realizando diversas ampliaciones (más aulas, una biblioteca y la casa de los profesores), un centro médico en Léo (2014), también en su país, y proyectos en China.

Anna Heringer (1977) ha dedicado gran parte de su obra a construir arquitectura social y sostenible en Bangladesh. Su escuela METI (Rudrapur, 2005-2006, en colaboración con Eike Roswag) ha sido reconocida por haber conseguido una obra especialmente bella y armónica construida con materiales y técnicas locales. Con dos plantas, de muros de tierra y paja, bambú y tela de colores, esta arquitectura bioclimática fue construida por veinticinco operarios de la comunidad local, formados para potenciar sus habilidades. Posteriormente ha construido, también en Rudrapur y con materiales locales, tres sencillas viviendas bioclimáticas y autoconstruidas. Estos trabajos de cooperación y fomento del trabajo artesanal los prepara en el Studio BASE Habitat, de la Kunstuniversität Linz, donde es profesora, y tienen sus principios en el Manifiesto de Laufen, promovido por ella y Andres Lepik en octubre de 2013.[6]

Estos proyectos de cooperación sintonizan con los del estudio de Sandra Bestraten (1976) y Emili Hormías (1974). El proyecto final de carrera de Bestraten en Bolivia, la Universidad Indígena de la Chiquitania (San Ignacio de Velasco, 2009-2013), señalaba las características su trabajo profesional. Construido con el

Sandra Bestraten y Emili Hormías, Universidad Indígena de la Chiquitania, San Ignacio de Velasco, Bolivia, 2009-2013.

apoyo del Centro de Cooperación para el Desarrollo de la Universitat Politècnica de Catalunya, el proyecto atendía al medio ambiente y se basaba en una serie de pabellones bioclimáticos construidos con materiales locales (adobe, madera y teja) para desarrollar habilidades y no generar dependencia tecnológica. En 2005 iniciaron la remodelación de un antiguo edificio en el centro de Barcelona para convertirlo en la nueva sede de Ca la Dona. Situado en la primera "periferia" de la ciudad romana, sobre diversas huellas como el acueducto romano, los restos de la primera universidad laica de la ciudad y un jardín romántico, se aporta una capa contemporánea, emblema de las reivindicaciones feministas.

Ecobarrios

Una de las nuevas morfologías urbanas contemporáneas son los ecobarrios, que por tradición cultural y posibilidades tecnológicas solo se han podido realizar en los países nórdicos, centroeuropeos y anglosajones, y que tienen un complemento en las ecoaldeas.

Viikki, cerca de Helsinki e iniciado en 2000, ha sido un gran proyecto emblemático de las dos últimas décadas. Lleva los principios ecologistas y todos los recursos de sostenibilidad a la escala del barrio, crea un ambiente lleno de vegetación y diversidad, y articula universidades y centros de investigación.

Bill Dunster Architects, barrio BedZed, Londres, 2002.

Vauvan, en Friburgo e iniciado en 1998, es modélico por sus intensos procesos de participación ciudadana, tanto en el proyecto como en el mantenimiento. Una parte de las viviendas son energéticamente autónomas, sus habitantes han renunciado a utilizar el coche dentro del barrio y en sus bordes hay dos garajes en altura con paneles solares.

El BedZED (Beddington Zero Energy Development) en Londres, terminado en 2002 y proyectado por Bill Dunster Architects, es un conjunto para clase media alta, que destaca por sus cubiertas con paneles fotovoltaicos y por unas expresivas, orientables y coloreadas chimeneas de ventilación pasiva. Se consigue ahorro energético, disminuir el vehículo privado, valores estéticos y buenas condiciones de vida comunitaria.

La Villa Olímpica para los Juegos Olímpicos de Invierno de Vancouver en 2010 está formada por media docena de manzanas casi cerradas, con bloques y torres de alta densidad destinadas a la clase media alta. Con abundantes, exuberantes y bien diseñados jardines se ha conseguido implementar una nueva morfología de vivienda colectiva en Vancouver, que ya no son los típicos rascacielos de vidrio ni el omnipresente suburbio de casas en hilera. Situada en el centro de la ciudad, dispone de tanta vegetación como si se viviera en casas unifamiliares.

Estos experimentos se han podido llevar a cabo al contar con una tradición de cooperativas de vivienda y al disponer de soporte desde la legislación, gestión del suelo y financiación, como en Dinamarca, con el sistema Andel, o en Uruguay, con la tradición de cooperativas de ayuda mutua y de ahorro previo.

Otro fenómeno que va ganando relevancia son las ecoaldeas, una manera de vivir en comunidades rurales que tiene cierto peso en Suecia, donde se fundó la primera en 1931, Järna. Otra ecoaldea pionera, iniciada en 1962 y que se ha ido desarrollando hasta hoy, es Findhorn, en Escocia. Existen ecoaldeas en países como Islandia, Italia, Estados Unidos y la India, y en muchos casos fueron fundadas por mujeres.

En definitiva, el reto de los ecobarrios y de la sostenibilidad sigue vigente y por resolver en los países mediterráneos (Portugal, España, Italia y Grecia) con una tradición sostenible bioclimática de arquitectura popular y ahorro de medios y energía, en gran parte perdida en el siglo xx; lo mismo sucede en Latinoamérica y en los países en vías de desarrollo. Importar tecnologías sostenibles de países industrialmente avanzados no es solución, sino que se debería experimentar y realizar arquitectura ecológica adaptada a las posibilidades tecnológicas, materiales y económicas locales, al paisaje y las tramas urbanas, a la cultura y al clima de cada lugar.[7]

[1] Tabb, Phillip James y Deviren, A. Senem, *The Greening of Architecture*, Ashgate, Surrey/ Burlington, 2013, libro que ofrece un repaso internacional a las diversas etapas de arquitecturas ecológicas de las últimas décadas. AA VV, *Green Architecture for the Future*, Louisiana Museum of Modern Art, Louisiana, 2009, expone algunos de los ejemplos que se tratan en este capítulo.

[2] Un libro que ha contribuido a argumentar sobre la evolución de la arquitectura ecológica es: Butera, Federico M., *Dalla caverna alla casa ecologica*, Edizione Ambiente, Milán, 2004.

[3] Comisión Mundial del Medio Ambiente y del Desarrollo, *Nuestro futuro común*, Alianza, Madrid, 1998.

[4] Smuts, Jan C., *Holism and Evolution* [1926], Greenwood Press, Westport, 1973.

[5] Till, Jeremy, *Architecture Depends*, The MIT Press, Cambridge (Mass.), 2009.

[6] Véase: AA VV, *Habiter Écologique. Quelles architectures pour une ville durable?*, Actes Sud / Cité de l'Architecture et du Patrimoine, París, 2009.

[7] Una síntesis del estado de la cuestión de la arquitectura ecológica se encuentra en: Montaner, Josep Maria, "Belleza de las arquitecturas ecológicas", en *La modernidad superada*, Editorial Gustavo Gili, Barcelona, 2011, 2ª ed.

Agradecimientos

La iniciativa de esta publicación ha sido el resultado de la traducción al griego en 2014 del libro *Después del movimiento moderno* por la editorial Nefeli, gracias a la insistencia, gestiones, prólogo y revisión de la traducción por parte del arquitecto y profesor Andreas Giacumacatos. La constatación de la vigencia de un libro publicado hace más de veinte años, reeditado en varias ocasiones y traducido al italiano (1996) y al portugués (2001), sugirió la posibilidad de hacer una actualización desde dicha fecha hasta hoy. La ocasión de la presentación de la edición griega en Atenas, en diciembre de 2014, sirvió para ensayar los contenidos de este libro en una conferencia inédita.

Y para la redacción de este libro se han realizado viajes específicos, con Zaida Muxí, a Canadá, China, Japón, Inglaterra, Francia y Grecia, para poder visitar obras concretas que aparecen explicadas. Y se estuvo consultando textos sobre arquitectura contemporánea en la biblioteca de la University of British Columbia en Vancouver durante agosto de 2014.

Para su elaboración he contado con la colaboración de Rita Montaner en la revisión y actualización del texto, y de Zaida Muxí, quien ha comentado una de sus primeras versiones.

Agradezco a Mònica Gili la iniciativa de la edición del nuevo libro en castellano y portugués que pone al día *Después del movimiento moderno*, y a Moisés Puente por el laborioso trabajo de edición.

Índice de nombres

125

Procedencia de las ilustraciones

Pág. 13: extraída de *Renzo Piano. Arquitecturas sostenibles*, Editorial Gustavo Gili, Barcelona, 1998; pág. 14: fotografía de Neil Young/Foster and Partners, extraída de Ábalos, Iñaki, *Atlas pintoresco. Vol. 2. Los viajes*, Editorial Gustavo Gili, Barcelona, 2008; pág. 15: fotografía de Nelson Kon, extraída de *2G*, núm. 45 (*Paulo Mendes da Rocha*), Barcelona, 2008; págs. 16, 17, 20, 23, 28, 32, 34, 35, 39, 41, 44, 53, 55, 57, 58, 62, 68, 70, 73, 74, 77, 86, 87, 88, 89, 98, 101, 104 y 111: © Montaner Muxí Arquitectes; pág. 19: fotografías de Lacaton & Vassal, extraídas de *2G*, núm. 60 (*Lacaton & Vassal*), Barcelona, 2011, pág. 27: fotografía de Klaus with K; pág. 30: fotografía de Rubén P. Besós, extraída de Colafranceschi, Daniela, *Carme Pinós. Arquitecturas*, Editorial Gustavo Gili, Barcelona, 2015; pág. 20: fotografía de Morgan Scheff; pág. 33: extraída de Glusberg, Jorge, *Clorindo Testa*, Summa+ Libros, Buenos Aires, 1999, pág. 40: fotografía de Luis Asín, extraída de *2G*, núm. 27 (*Tuñón y Mansilla*), Barcelona, 2003; pág. 43: fotografía cortesía de Claudia Cabral; pág. 45: fotografía de Ute Zschamt, extraída de *Mies Van der Rohe Award 2011: European Union Prize for Contemporary Architecture*, Actar, Barcelona, 2012; pág. 47: fotografía de Gustavo Sosa Pinilla/Summa+; pág. 48: fotografía de Cristóbal Palma, extraída de *2G*, núm. 61 (*Pezo von Ellrischausen*), Barcelona, 2012; pág. 49: fotografía cortesía de Mitul Desai; pág. 54: fotografía de Iwan Baan, extraída de *Wang Shu: Amateur Attitude*, Lars Müller, Baden, 2015; pág. 56: fotografía de Larry Speck; pág. 59: cortesía de Mauricio Rocha; pág. 61: fotografía de Beat Widmer, extraída de Galofaro, Luca, *Artscape. El arte como aproximación al paisaje contemporáneo*, Editorial Gustavo Gili, Barcelona, 2003; pág. 63: fotografía del American Folk Art Museum; pág. 69: fotografía de Peter Mauss, extraída de *Bernard Tschumi: Architecture, Concept & Notation* (catálogo de exposición), Éditions du Centre Pompidou, París, 2014; pág. 71: fotografía de Ricardo Schwingel; pág. 76: fotografía de Roland Halbe; pág. 78: fotografía de BOAnet.at; pág. 83: fotografía de Bankuu; pág. 90: fotografía de Un Studio; pág. 97: cortesía de Diana Cabeza; pág. 99: fotografía de Tadeuz Jalocha, extraída de Montaner, Josep Maria, *Del diagrama a las experiencias, hacia una arquitectura de la acción*, Editorial Gustavo Gili, Barcelona, 2014; pág. 100: cortesía de Jorge Mario Jáuregui; pág. 102: cortesía de Alejandro Haiek; pág. 103: fotografía de Juan Gabriel Pelegrina, extraída de Montaner, Josep Maria, *op. cit.*; pág. 110: extraída de *Shigeru Ban*, Editorial Gustavo Gili, Barcelona, 1997; pág. 112: fotografía de Erik-Jan Ouwerkerk, extraída de *Arquitectura Viva*, núm. 161, Madrid, 2015; pág. 113: fotografía de Naquib Hossain; pág. 114: cortesía de Sandra Bestraten y Emili Hormías; pág. 115: cortesía de Helena Rodríguez Gálvez.